narr STARTER

AF639419

Frauke Matz / Michael Rogge /
Dominik Rumlich

# Die mündliche Prüfung

## Eine Einführung

narr\f
ranck
e\atte
mpto

Bibliografische Information der Deutschen Nationalbibliothek
Die Deutsche Nationalbibliothek verzeichnet diese Publikation in der Deutschen Nationalbibliografie; detaillierte bibliografische Daten sind im Internet über http://dnb.dnb.de abrufbar.

Für Bärbel Diehr
– in Dankbarkeit für ihre Pionierarbeit

DOI: https://doi.org/10.24053/9783823393085

© 2023 · Narr Francke Attempto Verlag GmbH + Co. KG
Dischingerweg 5 · D-72070 Tübingen

Das Werk einschließlich aller seiner Teile ist urheberrechtlich geschützt. Jede Verwertung außerhalb der engen Grenzen des Urheberrechtsgesetzes ist ohne Zustimmung des Verlages unzulässig und strafbar. Das gilt insbesondere für Vervielfältigungen, Übersetzungen, Mikroverfilmungen und die Einspeicherung und Verarbeitung in elektronischen Systemen.

Alle Informationen in diesem Buch wurden mit großer Sorgfalt erstellt. Fehler können dennoch nicht völlig ausgeschlossen werden. Weder Verlag noch Autor:innen oder Herausgeber:innen übernehmen deshalb eine Gewährleistung für die Korrektheit des Inhaltes und haften nicht für fehlerhafte Angaben und deren Folgen. Diese Publikation enthält gegebenenfalls Links zu externen Inhalten Dritter, auf die weder Verlag noch Autor:innen oder Herausgeber:innen Einfluss haben. Für die Inhalte der verlinkten Seiten sind stets die jeweiligen Anbieter:innen oder Betreibenden der Seiten verantwortlich.

Internet: www.narr.de
eMail: info@narr.de

Satz: typoscript GmbH, Walddorfhäslach
CPI books GmbH, Leck

ISSN 2509-6036
ISBN 978-3-8233-8308-6 (Print)
ISBN 978-3-8233-9308-5 (ePDF)

MIX
Papier aus verantwortungsvollen Quellen
FSC® C083411
www.fsc.org

# Inhalt

# Einleitung

Während mündliche Prüfungen seit längerem fester Bestandteil internationaler Sprachzertifikate sowie nationaler und internationaler fremdsprachenphilologischer Prüfungskultur an Universitäten sind (vgl. Luoma 2004), haben mündliche Prüfungen (auch Kommunikations- oder Sprechprüfungen genannt) erst in der letzten Dekade Einzug in die deutschen Sekundarstufenlehrpläne und die dazugehörigen Prüfungsordnungen der modernen Fremdsprachen gehalten. Angesichts der fest etablierten unterrichtlichen Zielsetzung, fremdsprachliche Diskursfähigkeit und umfassende gesellschaftliche Teilhabe zu entwickeln, mutet es überraschend an, dass diese Schritte so spät vollzogen wurden und mündliche Prüfungen noch immer einen vergleichsweise geringen Stellenwert besitzen.

Mit der Einführung des *Gemeinsamen europäischen Referenzrahmens für Sprachen* (*GeR*, vgl. Europarat 2001) wurden innerhalb des europäischen Kontextes konkrete mündliche Sprachfunktionen anhand von Beispielskalen beschrieben. Die nationalen Bildungsstandards der Kultusministerkonferenz (KMK 2003, 2012) definieren auf Basis des *GeR* konkrete Deskriptoren für mündliche Kompetenzen und schaffen zugleich die rechtlichen Rahmenbedingungen für mündliche Prüfungen. In einigen Bundesländern sind verpflichtende mündliche Prüfungen in einzelnen Jahrgangsstufen (z. B. für den Hauptschulabschluss in Baden-Württemberg oder der Stufe Q1/Q2 in Nordrhein-Westfalen; MKJS BW 2020; MSB NRW 2022) bereits vorgeschrieben; andere Bundesländer eröffnen zumindest die Möglichkeit, in jeder Jahrgangsstufe als Ersatz für eine schriftliche Klassenarbeit eine mündliche Prüfung durchzuführen. Sie leisten dabei nicht nur einen wichtigen Beitrag zur Überprüfung von mündlichen Kompetenzen im Fremdsprachenunterricht – sie sollen durch die notwendige Passung von (Lern-)Zielen, Leistungsüberprüfung/Assessment und Unterricht gleichzeitig auch Mündlichkeit insgesamt stärken und einen positiven *Backwash*-Effekt auf den zu Grunde liegenden Fremdsprachenunterricht entfalten (vgl. Grünewald 2014: 61).

Die DESI-Studie (DESI-Konsortium 2006: 47 ff.) machte mit ihrem Erscheinen deutlich, dass die programmatisch bereits in den 1970er Jahren eingeläutete kommunikative Wende noch immer nicht vollzogen war. So zeigte die Studie deutlich, dass die Lehrkraft im Unterricht mehr als doppelt so viel spricht wie alle Schüler*innen zusammen. Die Antworten der Schüler*innen waren dabei zumeist auf Kurzantworten beschränkt und erfolgten dabei nahezu direkt als Reaktion auf die Frage durch die Lehrkraft – Zeit für die Konzeptualisierung und Formulierung von (komplexen) Antworten blieb dabei kaum. Vor diesem Hintergrund schien es zwingend erforderlich, den Schüler*innen deutlich mehr Zeit und Raum für eigenes, realitätsnahes Sprechhandeln zu ermöglichen und dazu ausreichend kommunikative Anreize zu schaffen (vgl. Rogge 2012). Ein Blick in die fremdsprachendidaktische Forschung zeigt zudem, dass es sich bei Sprech- bzw. mündlichen Kommunikationsprüfungen um ein noch recht wenig erschlossenes Feld handelt (vgl. Matz/Rogge/Rumlich 2020: 18). Dabei sind sowohl die Förderung von mündlichen Kompetenzen als auch ihre Überprüfung hochkomplex: Vor allem die Flüchtigkeit des Gesagten, der soziale Kontext und die Verbindung zur eigenen Identität, der (Echt-)Zeitdruck für

Prüflinge und Prüfende sowie das fehlende Bewusstsein für Wesensmerkmale des Mündlichen sind mit substanziellen Herausforderungen verbunden. In fremdsprachlichen Kontexten stellt die Bewertung von Inhalt und Sprache angesichts ihrer schwer trennbaren Verquickung eine zusätzliche Herausforderung dar. Daher ist es wichtig, dass sowohl die Entwicklung mündlicher Kompetenzen im Unterricht als auch ihre Prüfung bereits im Lehramtsstudium und darüber hinaus kontinuierlich thematisiert und professionalisiert werden.

Um Lehrkräfte optimal auf mündliche Prüfungsformate und die entsprechende unterrichtliche Anbahnung vorbereiten zu können, bedarf es gezielter Schwerpunktsetzungen in der Aus- und Fortbildung von Fremdsprachenlehrkräften, damit diese gezielt darin unterstützt werden können, mündliche Kommunikationsprüfungen zu konzipieren, unterrichtlich anzubahnen, durchzuführen, zu evaluieren und weiterzuentwickeln. Der vorliegende Band hat zum Ziel, einen kleinen Beitrag dazu zu leisten. Er kann hierbei aber lediglich als eine Einführung in das komplexe Themenfeld der mündlichen Kommunikationsprüfungen im Fremdsprachenunterricht dienen.

Der erste Teil bietet dabei zunächst einen Einblick in die Grundlagen der Mündlichkeits- und Diskurskompetenz sowie des Sprechens und schlägt den Begriff der Mündlichkeitskompetenz als Zielkonstrukt vor. Daran schließen im zweiten Teil theoretisch-konzeptionelle Überlegungen an, wie dieser Kompetenzbereich unterrichtlich angebahnt werden kann. Dabei wird zuerst der Frage nachgegangen, was mündliche Kommunikationsprüfungen eigentlich sind und welche mündlichen Genres sich dafür eignen, bevor darauf eingegangen wird, wie diese unterrichtlich vorbereitet werden können. Der dritte und letzte Teil widmet sich schließlich der Frage, was die rechtlich-qualitativen Grundlagen der Erfassung und Bewertung mündlicher Prüfungsleistungen sind, und wie ein entsprechendes Bewertungsraster erstellt und verwendet werden kann.

# Teil I: Grundlagen

Dieser erste Teil widmet sich den theoretischen Grundlagen des komplexen Bereiches der mündlichen Kompetenzen, der mehr umfasst als nur funktionale fremdsprachliche kommunikative Sprechkompetenz. Nach einem Einblick in das Konzept von *Oracy* und der Einführung der vorgeschlagenen deutschen Entsprechung **Mündlichkeitskompetenz** erfolgt eine Einbettung in den Kontext der mündlichen Diskursfähigkeit im fremdsprachlichen Lernen. Anschließend wird ein Ausblick auf die Veränderlichkeit von Sprache gegeben.

Das zweite Kapitel legt einen Fokus auf das Sprechen. Es skizziert zum einen die verschiedenen Prozesse, die beim Sprechen ablaufen, und zum anderen, welche Rolle dem Arbeitsgedächtnis zukommt. Zudem widmet es sich den Merkmalen gesprochener Sprache und führt abschließend aus, inwieweit die angesprochenen Kompetenzen in schulischen Curricula verankert sind.

# 1 Was sollen Mündliche Prüfungen erfassen?

Wenn man von den Bezeichnungen „Mündliche Prüfungen", „Kommunikations- bzw. Sprechprüfungen" (in der Fremdsprache) ausgeht, implizieren sie die Zielsetzung, mündliche Kompetenzen, Kommunikations- bzw. Sprechkompetenzen in der Fremdsprache zu prüfen, d. h. sie zu erfassen und zu bewerten. Das klingt zunächst plausibel und wenig verfänglich. Doch um auf den Aspekt des Prüfens näher eingehen zu können, ist als Erstes ein genauer Blick darauf wichtig, was dabei eigentlich erfasst werden soll. Dann kann die Prüfung explizit darauf ausgerichtet werden und somit den Ansprüchen an die Validität als grundlegendes Qualitätskriterium genügen (es wird erfasst, was erfasst werden soll). Im Anschluss soll in Kapitel 1.4 näher beleuchtet werden, wie sich die identifizierten (Teil-)Kompetenzen (auch im Rahmen der Digitalisierung) verändert haben bzw. verändern.

## 1.1 *Oracy*: Sprechen, (Zu-)Hören & Sehen/ Wahrnehmen

In mündlicher Interaktion mit anderen Personen ist gesprochene Sprache in der Regel flüchtig und häufig spontan. Wenn wir mit anderen im Gespräch sind, bleibt uns zumeist nicht viel Zeit zur Planung dessen, was wir sagen wollen und wie wir dies realisieren möchten. Zudem können wir, anders als beim Schreiben, das zu Sagende vor der Veröffentlichung nicht noch einmal selbst überprüfen bzw. von anderen überprüfen lassen und bei Bedarf verändern. Wir wollen uns zudem so ausdrücken, dass Zuhörende unseren Gedankengängen folgen können, uns und unsere Aussagen sowie die ihnen zu Grunde liegenden Mitteilungsabsichten verstehen, einordnen und darauf reagieren (vgl. z. B. Goh 2018, 2019). Dazu kommt, dass man sich angesprochen, eingebunden, respektiert und wertgeschätzt fühlen möchte – als sprechende und angesprochene Person. All dies versuchen wir während des Sprechens und Zuhörens auch anhand der sichtbaren bzw. wahrgenommenen non-verbalen Reaktionen (wie z. B. Gestik, Mimik, Körperhaltung) der Gesprächs(un)beteiligten einzuschätzen und adaptieren unser Handeln, d. h. das zu Sagende sowie unsere non-verbalen Reaktionen.

Die Kompetenzbereiche des Sprechens und Hörens, aber eben auch des Sehens und Wahrnehmens, greifen in der mündlichen Interaktion ineinander: Man hört die Aussagen einer anderen Person (und von sich selbst), sieht ihre nonverbalen Reaktionen und reagiert sprechend sowie nonverbal darauf; dies geschieht zum Teil mit Abstand nacheinander, zum Teil bei Unterbrechungen, Adaptationen und direkten Reaktionen auch (fast) gleichzeitig. Die involvierten Kompetenzbereiche sind dabei untrennbar miteinander verwoben und beeinflussen sich gegenseitig.

Auf Basis der Erkenntnis, dass es – analog zum Terminus *Literacy* für die Beherrschung produktiver und rezeptiver schriftsprachlicher Kompetenzen – keinen umfassenden Terminus für den höchst relevanten und komplexen Bereich des Mündlichen gibt, prägte Wilkinson den Begriff *Oracy*. In Kurzform hat er ihn definiert als „general ability in the oral skills“ (Wilkinson 1965: 14). In der Erklärung stellt Wilkinson vor allem die Analogie zu *Literacy* sowie die Nähe von Hören und Sprechen als zwei stark durch Mündlichkeit geprägte Kompetenzen in den Vordergrund; der Bereich des

Visuellen wird von ihm an dieser Stelle eher vernachlässigt, wobei die Breite der zu Grunde liegenden Definitionen das Visuelle nicht ausschließt.

*Oracy* hat jedoch nicht nur ein interaktionales Element, das es zu berücksichtigen gilt und auf das auch später noch eingegangen wird. In seiner Anlehnung an das etablierte und bedeutsame Konzept der *Literacy* unterstreicht der Begriff die zentrale Bedeutung von Mündlichkeit(en) für das Leben im Allgemeinen und damit für Sprachenlernende im Besonderen. Er betont dabei mit seiner Begriffsneuschöpfung, dass mündliche Kompetenzen und deren Beherrschung ebenso wichtig für gesellschaftliche Teilhabe sind wie das Erlernen der Kulturtechniken des Lesens, des Schreibens und auch des Rechnens (*Numeracy*).

Seit einigen Jahren wird der Bedeutung des Konzepts *Oracy* vor allem im englischsprachigen Raum mehr Aufmerksamkeit gewidmet. So plädieren Mercer, Wegerif und Major (2020: 293) sowohl im muttersprachlichen als auch im fremdsprachlichen Bereich für eine intensivere Auseinandersetzung mit *Oracy*:

> Given that research indicates that the development of children's spoken language capabilities can have significant consequences for a range of cognitive, social and emotional outcomes, it is unfortunate that oracy has commonly been the 'poor relation' of literacy and numeracy, being given much less – if any – explicit attention in schools in most countries.

Diehr (2021) schlägt „Diskurskompetenz" (siehe Kap. 1.3) als deutsche Entsprechung vor und verknüpft den Begriff mithilfe einer entsprechenden Arbeitsdefinition mit existierender fachdidaktischer Terminologie. Das Problem besteht jedoch darin, dass Diskurskompetenz sowohl von der Bezeichnung als auch dem dahinterstehenden Konzept nicht ausschließlich auf das Mündliche beschränkt bzw. fokussiert und damit übergreifender, d. h. auf einer höheren Ebene, angesiedelt ist.

*Oracy* lässt sich daher vielleicht treffender mit **Mündlichkeitskompetenz** ins Deutsche transferieren, denn beide Begriffe bezeichnen explizit die Beherrschung der Mündlichkeit(en). Der Kompetenzdefinition von Weinert (2001: 27 f.) folgend bezieht sich das auf *Oracy* basierende Konzept der Mündlichkeitskompetenz demnach auf alle erlernbaren kognitiven (Teil-)Kompetenzen, Fertigkeiten, Fähigkeiten, Wissensbestände, sowie motivationalen, volitionalen und sozialen Ressourcen und Einstellungen, um mündlich handeln zu können.

## 1.2 Das *Oracy (Skills) Framework*

In den europäischen und deutschen curricularen Vorgaben für den schulischen Fremdsprachenunterricht spielt *Oracy* bzw. Mündlichkeitskompetenz als komplexer Kompetenzbereich nur eine untergeordnete Rolle (s. z. B. Europarat 2020, KMK 2003, 2012). Stattdessen findet weiterhin eine Trennung zwischen den Kompetenzbereichen Sehen und Hör-/Hörsehverstehen statt (s. auch Kapitel 2). Mündlichkeitskompetenz ist jedoch ein sehr komplexes Zusammenspiel unterschiedlicher (Teil-)Kompetenzen, Fähigkeiten, Fertigkeiten, Wissensbeständen und Ressourcen, die über das (fremd-)sprachliche Können hinausgehen. Eine Darstellung, die dieses Zusammenwirken illustriert und einen Einblick in die Komplexität von Mündlichkeit(en) gibt, ist das *Oracy (Skills) Framework*, das zuerst von Diehr (2021) für den deutschen Bildungskontext erschlossen wurde (vgl. Voice 21/Oracy Cambridge 2019, Mercer/Wegrif/Major 2020). Zwar wurde es für den muttersprachlichen britischen Kontext konzipiert und seine Basis war ursprünglich enger gefasst als das Konzept der Mündlichkeitskompetenz; es kann jedoch in adaptierter Form als erster Anstoß für eine vertiefte Auseinandersetzung dienen.

Anders als die noch enger gefassten Kompetenzbeschreibungen der KMK (2003, 2012) für den Bereich des Sprechens unterscheidet das Framework vier unterschiedliche Bereiche des Sprechens (physisch, linguistisch, kognitiv, sozial/emotional). Diese sind je nach Sprechhandlung unterschiedlich relevant, wirken aber immer zusammen, auch mit rezeptiven Hör-Sehkompetenzen.

| Bereich | Wissen/Fähigkeiten/Fertigkeiten/Kompetenzen bzw. Ressource für Produktion und Rezeption |
|---|---|
| physisch | Akustisches: Stimme/Aussprache (inkl. Intonation, Lautstärke, Varietäten) sowie weiteres (non-verbales/parasprachliches) Lautinventar (lautes Durchatmen, Seufzen, gefüllte Pausen „äh/ähm“)<br>Visuelles: Körpersprache (Mimik, Gestik, Haltung, Proxemik/Nähe), Aussehen (Kleidung etc.), Gesprächsraum (inkl. Atmosphäre) |
| linguistisch | - Grammatik/Morpho-Syntax (inkl. Varietäten)<br>- Wortschatz (inkl. Stilistik, Register, Varietäten), Semantik, Pragmatik<br>- Genre, (Diskurs-)Struktur/Organisation<br>- Rhetorik (bspw. rhet. Figuren, Ironie, Humor) |
| kognitiv | - Inhalt (Weltwissen, Vorwissen, Themenwahl)<br>- Erklären/Zusammenfassen<br>- Selbstregulierung (Fokus, Zeitmanagement, kontinuierliche Evaluation des Gesagten/ der visuellen Eindrücke)<br>- Argumentation (kritisch-reflektiert)<br>- Adressat*innengerechtigkeit, Berücksichtigung der Perspektive der Zuhörenden |

| | |
|---|---|
| sozial & emotional | - Kooperation (Management & Aufrechterhaltung der Interaktion/ Einbezug der [Un]Beteiligten, *turn-taking*)<br>- (Aktives) Zuhören & Reagieren (*active listening*, Bestätigungen, angemessene Reaktionen)<br>- Selbstvertrauen/-bewusstsein, Selbstkonzept, Lebhaftigkeit, *flair*<br>- Empathie, Perspektivwechselkompetenz<br>- Respekt, Höflichkeit, Nähe/Distanz, Inklusion/Exklusion |

Tabelle 1: *Oracy (Skills) Framework* (adaptiert und erweitert von Voice 21/ Oracy Cambridge 2019 sowie Mercer/Wegrif/Major 2020)

Mercer et. al (2020: 297) weisen darauf hin, dass uns vor allem im muttersprachlichen Kontext zwar im Laufe des Lebens viele Gesprächsmerkmale bereits bekannt sind, es aber Unterschiede in deren effektiven Umsetzung gibt:

> people vary significantly in their ability to communicate effectively [...], and while the result might be unconscious mastery, research evidence suggests that these communicative behaviours can be explicitly taught, practiced and mastered to a significant degree.

Auch wenn es hier noch an fremdsprachendidaktischer Forschung fehlt, stellt dieses Framework einen hilfreichen Ansatzpunkt für die Förderung von Mündlichkeitskompetenz sowie die Planung, Durchführung, Auswertung und Reflexion mündlicher Kommunikationsprüfungen dar.

## 1.3 Mündlichkeitskompetenz im Kontext von Diskursfähigkeitskompetenz

In der deutschsprachigen Fremdsprachendidaktik ist Mündlichkeitskompetenz stark mit dem Konzept der **Diskursfähigkeit** bzw. **-kompetenz** verbunden (vgl. Diehr 2021). Dieses geht, ebenso wie *Oracy* und Mündlichkeitskompetenz, über ein funktionales Verständnis kommunikativer Kompetenz insofern hinaus, als dass es nicht nur die Kompetenzen von Schüler*innen umfasst, sich sprachlich hinreichend korrekt und situativ angemessen in der Fremdsprache auszudrücken. Vielmehr vereint es Piephos (1974) Verständnis kommunikativer Kompetenz mit dem Foucaultschen Diskursbegriff, wie Legutke (2010: 73) in seiner Definition erläutert:

> Gemeint ist die Fähigkeit von Menschen, an mehrsprachigen und komplexen gesellschaftlichen Prozessen und Diskursen teilhaben, sie mitbestimmen und mitgestalten zu können.

Fremdsprachige Diskurskompetenz ist folglich untrennbar mit Partizipation im Hinblick auf Kultur, Gesellschaft, Politik, Umwelt etc. verbunden. Da aber sowohl die damit verbundenen Prozesse als auch Diskurse einem kontinuierlichen Wandel unterliegen und sich Formen der Mündlichkeit immer weiterentwickeln, aktuell beispielsweise angetrieben durch Digitalisierungsprozesse, müssen Forschung und Praxis für einen gegenwarts- und zukunftsorientierten Fremdsprachenunterricht die Konzepte fortwährend weiterentwickeln und sie mit Inhalten füllen.

Diehr (2021) greift Wilkinsons Konzept der *Oracy* auf und ordnet es als Diskurskompetenz in den deutschen fremdsprachendidaktischen Diskurs ein. Sie schlägt dabei folgende Arbeitsdefinition mit einem spezifischen Fokus auf Mündlichkeit(en) vor, die zusammen mit der oben genannten kompetenzorientierten Definition von Mündlichkeitskompetenz diesem Band als Grundlage dient:

> Diskurskompetenz ist eine Kompetenz, die aus einer Reihe von Fähigkeiten/Fertigkeiten, Einstellungen und Wissensbeständen besteht, die junge Menschen in die Lage versetzt, als *global citizens* an mündlichen Diskursen und Entscheidungsfindungen in sprachlich, kulturell und semiotisch vielfältigen Kontexten teilzuhaben. (Diehr 2021, Übersetzung F. M., M. R., D. R.)

Während das *Oracy (Skills) Framework* und auch die Mündlichkeitskompetenz vor allem konkrete, direkt auf Sprech-, Hör-, Seh- und Interaktionshandlungen bezogene sprachliche, kognitive, soziale und emotionale (Teil-)Kompetenzen, Fertigkeiten, Fähigkeiten, Wissensbestände und Ressourcen in den Vordergrund stellt, berücksichtigt das übergreifende Dach-Konzept der Diskurskompetenz auch stärker das *Big Picture* im Sinne übergeordneter Ziele schulischen (Fremdsprachen-)Unterrichts und schließt kulturelle und (global-)gesellschaftliche Dimensionen der Teilhabe und Mitgestaltung als *Global Citizens* mit ein. Da die Definition der Diskurskompetenz eher abstrakt und auf einem übergeordneten Level verbleibt, stellt das adaptierte *Oracy (Skills) Framework* eine hilfreiche Konkretisierung im Hinblick auf die inkludierten Bereiche dar. Schüler*innen sollen dabei nicht nur in die Lage versetzt werden, in der Fremdsprache sprechen zu können. Um aber anlassbezogen etwas zu sagen zu haben (vgl. Diehr 2021), mitreden und mitgestaltend handeln zu können, sind Realitätsnähe und -bezug von sprech-, hör-, seh-, interaktions- bzw. diskurskompetenzbezogenen Aufgaben in Lern- und auch in Prüfungssituationen unumgänglich.

## 1.4 Digitale Mündlichkeiten und globale Diskurse

Diehrs Arbeitsdefinition (2021) schließt auch die Kontexte der Digitalität (Stalder 2016) ein. (Fremdsprachliche) Kommunikation im digitalen Raum ist dabei vielfältig, komplex, multimodal und umfasst viele unterschiedliche Genres, bei denen die Grenzen zwischen konzeptioneller Mündlichkeit und Schriftlichkeit verschwimmen (siehe auch Kapitel 2). Kontexte der Digitalität spielen in schulischen curricularen Rahmendokumenten zwar bisher kaum eine Rolle (vgl. Hallet 2020: 192), sind aber lebensweltlich für die Lernenden relevant. Hallet (2020: 195) illustriert dies mit dem Beispiel der Voicemail, die zwar eine mündliche Äußerung ist, aber „anderen Gesetzen als das analoge Sprechen" unterliegt und „als eine neue, digitale Form der Mündlichkeit betrachtet werden" muss. Hallet (2014) prägte im deutschsprachigen Kontext für diese und weitere digitale Kommunikationsformen den Begriff der „neuen Mündlichkeiten". Hiermit sind

> solche Kommunikationsformen und -weisen gemeint, die entweder traditionelle Kommunikationsformen wie die face-to-face-Interaktion oder das Telefongespräch weiterentwickelt haben oder die verschiedenen auditiven und visuellen Kanäle kombinieren wie die Videotelefonie. (Delius/Freitag-Hild 2022: 2)

Diese digitale Dimension der fremdsprachlichen Diskurskompetenz ist genuiner Teil eines gegenwarts- und zukunftsorientierten Unterrichts. Solche Genres und Formen des Austauschs sollten sich daher sowohl in unterrichtlichen Lernsituationen als auch in Prüfungsaufgaben widerspiegeln (siehe auch Kapitel 7). (Fremdsprachliche) Diskurse im digitalen Raum sind aber nicht nur in Bezug auf unterschiedliche Genres relevant, sondern eröffnen auch einen Zugang zu bzw. ermöglichen die Auseinandersetzung mit weiteren kulturell-gesellschaftlichen, politischen, umwelt-, berufs- und gesundheitsbezogenen Inhalten und Perspektiven. Denn nur so können Lernende im Sinne Diehrs als *Global Citizens* an wichtigen Diskursen partizipieren, sich in vielfältigen Kontexten äußern sowie an wichtigen Diskursen und Entscheidungsfindungen teilhaben (Diehr 2021).

Für dieses erste Kapitel lässt sich als Zwischenfazit demnach Folgendes festhalten: Um zu verstehen und einordnen zu können, welche Leistungen im Rahmen von mündlichen Kommunikationsprüfungen erfasst werden sollen, ist es unabdingbar, den Facettenreichtum und die damit einhergehende Komplexität der Mündlichkeitskompetenz bzw. des entsprechenden Bereichs der Diskurskompetenz zu kennen. Denn, wie Piepho bereits 1974 betonte, bedeuten kommunikative Kompetenzen nicht

> das Erreichen bestimmter Normen, sondern die Fähigkeit, sich ohne Ängste und Komplexe mit sprachlichen Mitteln, die man durchschaut und in ihren Wirkungen abschätzen gelernt hat, zu verständigen [...]. (ebd.: 9)

Damit bezieht er die verschiedenen Perspektiven und Kompetenzen der Sendenden und Empfangenden, wie sie genuiner Teil von Mündlichkeits- und Diskurskompetenz sind, explizit mit ein. Im Folgenden richtet sich der Fokus zunächst darauf, was Sprechen eigentlich ist, bevor diskutiert wird, wie Sprechkompetenzen überprüft werden können.

**Aufgabe:**

Mit der nachfolgenden Aufgabe machen Sie sich intensiv mit dem adaptierten *Oracy (Skills) Framework* (als Basis von Mündlichkeits- bzw. Diskurskompetenz) sowie der Analyse und Bewertung von realitätsnaher mündlicher Kommunikation vertraut (als Basis für die Bewertung von mündlichen Kommunikationsprüfungen). Wählen Sie zunächst einen allgemeinen Sprechanlass (z. B. Vortrag, TED Talk etc.) oder Interaktionssituation (Abendessen-/Streit-/Bewerbungsgespräch etc.). Spezifizieren Sie anschließend den Kontext (wer spricht mit/zu wem, worüber, wo, wann, warum, wie, mit welchem Ziel etc.), um eine konkrete Situation zu erzeugen. Hierfür eignet sich eine kürzlich selbst erlebte oder aufgezeichnete Sprechhandlung (auch aus einem Film) besonders gut. Nutzen Sie nun das adaptierte *Oracy (Skills) Framework*, um Ihre *Performance* (oder die einer anderen [beteiligten] Person) zu analysieren und gezeigte Wissensbestände, Fähigkeiten, Fertigkeiten, Kompetenzen und Ressourcen herauszustellen. Sie können sich darüber hinaus auch alternative Handlungen überlegen (mit einer Einordnung, inwiefern sie höhere oder niedrigere Kompetenzen widerspiegeln). Abschließend versuchen Sie, eine Bewertung vorzunehmen.

# 2 Was ist Sprechen bzw. Sprechkompetenz?

Im fremdsprachlichen Unterricht ist Sprechen „neben dem Hör- und Hörsehverstehen und der mündlichen Sprachmittlung“ eine Kernkompetenz der Mündlichkeit (Tesch/Nold 2017: 159). Es ist eine komplexe Kompetenz, die frühzeitiger Anbahnung und kontinuierlicher Übung bedarf. Denn beim Sprechen

> wirken artikulatorische, phonologische, grammatische und semantische, aber auch textuelle, sozio- und pragmalinguistische Fertigkeiten zusammen und müssen vom Sprecher mit vorhandenem Weltwissen verknüpft werden, um erfolgreich mündlich zu kommunizieren. (Rogge 2012: 2)

Um Lernende darin zu unterstützen, mündlichkeitskompetent zu werden, muss zunächst der komplexe Prozess des Sprechens als wichtiger Teil mündlicher Produktion in den Blick genommen werden.

## 2.1 Sprechen als Prozess

Das von Levelt (1989) vorgestellte Modell mündlicher Sprachproduktion bezieht sich zwar ursprünglich auf das Sprechen in der Muttersprache, veranschaulicht jedoch systematisch die beteiligten kognitiven Prozesse jeglicher Sprechaktivitäten. Diehr und Frisch (2008) haben dieses Modell für den fremdsprachlichen Unterricht adaptiert und greifen dabei die drei von Levelt identifizierten, miteinander in Beziehung stehenden Systeme auf, die in einer Sprechhandlung zum Tragen kommen und auch im Prüfungskontext zu berücksichtigen sind:

- Konzeptualisierungssystem (*Conceptualiser),*
- Formulierungssystem (*Formulator*)
- Artikulationssystem (*Articulator*).

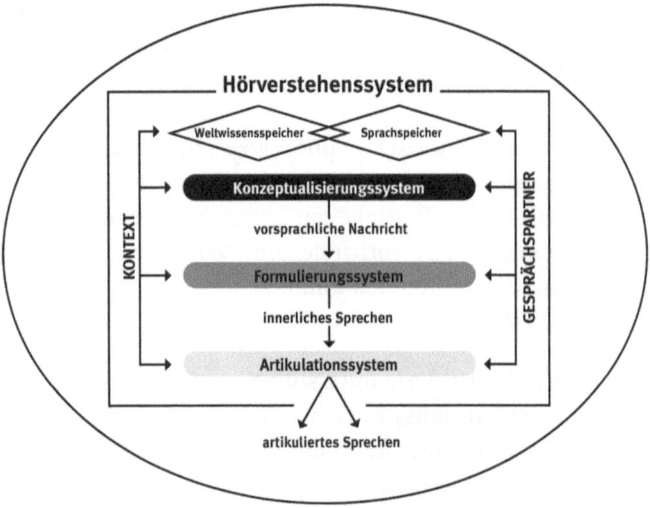


Abbildung 1: Adaptiertes Sprechmodell Levelts nach Diehr und Frisch (2008: 37)

## 1. Konzeptualisierungssystem

Dies umfasst Planung und Vorbereitung des Sprechens, indem eine Idee bzw. Sprechabsicht zunächst prä-verbal inhaltlich vorüberlegt und ggf. strukturiert wird. Lernende überlegen sich Thema und Inhalt der Aussage und generieren eine entsprechende „vorsprachliche Nachricht“

(Diehr/Frisch 2008: 37). Dazu beziehen sie ihr Vor- und Weltwissen, Diskurswissen und -strukturen, den bisherigen Gesprächsverlauf, ihre Wahrnehmungen und deren Interpretationen etc. ein. Dies verdeutlicht, dass z. B. (die Aktivierung von) Vor-, Welt- und Diskurswissen sowie (nicht immer vorhandene) Zeit zum Nachdenken erfolgreiche Sprechhandlungen begünstigen können.

**2. Formulierungssystem**

In der Formulierungsphase greifen Lernende auf ihren Sprachspeicher in Form des mentalen Lexikons zurück, um die geplante Aussage innerlich zu versprachlichen (Diehr/Frisch 2008). Sie sind in dieser Phase in besonderer Weise gefordert, weil eine ganze Reihe sprachlicher Entscheidungen, z. B. auf grammatikalischer/morpho-syntaktischer, lexikalisch-semantischer, pragmatischer und diskursiver Ebene zu treffen sind, die miteinander wechselwirken. Dabei müssen u. a. auch die Situation und der konkrete Diskurskontext sowie die damit verbundenen Erwartungen und Normen in angemessener Weise berücksichtigt werden. Auch hier können (nicht immer vorhandene) Zeit zum Nachdenken oder die Einbeziehung von Hilfsmitteln wie Wörterbücher, Vokabel- und (Diskurs-)Strukturhilfen, Grammatik-Nachschlagewerke, Mitschüler*innen etc. unterstützend wirken.

**3. Artikulationssystem**

In der Artikulationsphase, dem eigentlichen Sprechen, werden schließlich die zuvor mental konstruierten und im Anschluss (gedanklich-innerlich oder in Form von Notizen) versprachlichten Ideen in einer konkreten Sprechhandlung geäußert, begleitet von non-verbalen Handlungen (Mimik, Gestik, Körperhaltung, Proxemik sowie nicht-sprachliche Geräusche wie z. B. lautes Durchatmen, Seufzen etc.). Diesen Prozess können zuvor niedergeschriebene Formulierungen sowie auswendig gelernte, eingeübte oder Probesprechhandlungen (mit/zu sich selbst als *Private Speech* oder mit anderen) entlasten.

Gleichzeitig hören Sprechende ihre eigene Äußerung, verarbeiten diese parallel im Hörverstehenssystem und nehmen u. U. die Reaktion der Gesprächsbeteiligten wahr – die Auswertung dieser Vorgänge verleitet die Sprechenden ggf. zu einer direkten Reaktion, z. B. in Form einer Wiederholung, einer (Selbst-)Korrektur oder einer spontanen Änderung der geplanten bzw. sich im Gange befindenden Sprechhandlung.

Da wir bei der Nutzung von Sprache unsere Identität fortwährend (re-)konstruieren, sind beide eng miteinander verknüpft (Williams/Burden 1997: 115). Dies führt auch dazu, dass wir uns und unsere Identität automatisch in Sprechhandlungen einbringen. Aufgrund der sozialen Situation und ihrer Unmittelbarkeit weisen Sprechhandlungen damit besonderes emotionales Potential auf, noch stärker in der vulnerablen Zeit der Pubertät, die von Identitäts(neu)-konstruktion, einer Umorientierung von Erwachsenen hin zu *Peers* und vielen Unsicherheiten geprägt ist. Handelt es sich bei der verwendeten Sprache um eine Fremdsprache, wird vor allem das negative emotionale Potential weiter verstärkt, vorrangig durch die eingeschränkte Kompetenz. Diese geht potenziell mit Norm- bzw. Gepflogenheitsabweichungen und Fehlern, ungewollten lustigen Situationen, einem Gefühl der Unsicherheit, Hilfslosigkeit, Nervosität, Unwohlsein bis hin zu Angst einher, was auch durch fremde/ungewohnte Laute,

Intonationsmuster etc. begünstigt wird. Nicht zuletzt wird dadurch häufig auch die gewünschte Identitäts(re)konstruktion der Sprechenden in Mitleidenschaft gezogen, was die negativen Emotionen weiter verstärkt. Daher kommt der emotionalen Komponente und dem *Well-Being* (gefördert durch Unterstützungsmaßnahmen) beim fremdsprachlichen Sprechen(lernen) und mündlichen Kommunikationsprüfungen eine besondere Bedeutung zu.

In der Konsequenz bedeuten die vorangegangenen Ausführungen für die bei einer Sprechhandlung beteiligten Prozesse: Aufgrund des situativen Charakters des Sprechens, unterschiedlicher Abstraktheitsgrade der interagierenden Komponenten (vgl. Wörter vs. Weltwissen vs. Grammatikregeln vs. Diskursstrukturen), der wechselseitigen Abhängigkeiten, der Vielzahl und Komplexität der Vorgänge sowie des (häufig vorherrschenden) Zeitdrucks ist davon auszugehen, dass die beschriebenen Prozesse nicht streng voneinander getrennt und linear nacheinander ablaufen, sondern parallel, interagierend und inkrementell (vgl. Eberharter/Kremmel/Konzett-Firth 2018: 99); im fremdsprachlichen Bereich zudem mit geringerer Konsistenz, verstärkter Emotionalität, Identitätsherausforderungen und einer erhöhten Fehleranfälligkeit bzw. Abweichungstendenzen.

## 2.2 Das Arbeitsgedächtnis

Das Prozessmodell des Sprechens verdeutlicht anschaulich die Komplexität des in Echtzeit ablaufenden, flüchtigen Sprechvorgangs. Dieser geht daher sowohl in Produktion und Rezeption im Allgemeinen als auch beim Erlernen im Speziellen mit besonderen Herausforderungen für Schüler*innen einher. Dadurch wird der Einsatz vielfältiger kognitiver und emotionaler Ressourcen notwendig, was eine hohe Belastung des Arbeitsgedächtnisses (*High Cognitive Load*) zur Folge hat. Dies rührt auch daher, dass die Bereitstellung der Sprache (z. B. Lexeme, adäquate grammatische Strukturen sowie die konkrete phonologische Realisierung) bei Fremdsprachenlernenden in der Regel weniger automatisiert erfolgt als in der Muttersprache und deshalb zusätzliche Ressourcen erfordert; ein Phänomen, dass durch zusätzliche emotionale Belastungen weiter verstärkt wird.

Daraus folgt beispielsweise, dass Flüssigkeit (*Fluency*) im Sprechvorgang bei Fremdsprachenlernenden nicht mit der Flüssigkeit eines *Native Speaker* gleichgesetzt werden kann und daher nicht in gleicher Weise als Kriterium bzw. nur mit entsprechenden Einschränkungen für die Bewertung von mündlichen Sprechleistungen der Schüler*innen herangezogen werden sollte. Gleichzeitig ist davon auszugehen, dass Schüler*innen, die über eine Vielzahl lexikalischer bzw. lexiko-grammatischer Strukturen (*Chunks)* verfügen, in der Regel deutlich flüssiger sprechen, weil im Formulierungsprozess die entsprechenden Strukturen als Einheit abgerufen werden können (vgl. z. B. Field 2011, Goh 2019). Das Arbeitsgedächtnis wird dadurch weniger belastet und es stehen zusätzliche Ressourcen für andere kognitive Prozesse zur Verfügung. Dies kann auch durch eine (Vor-)Entlastung der Sprechprozesse (z. B. nach der *Think-Pair-Share*-Methodik, die nacheinander jeden der drei oben vorgestellten Sprechprozesse vorentlastet) oder durch die Fokussierung auf einzelne Komponenten der Sprechprozesse geschehen.

Diese Ausführungen verdeutlichen, dass die Kenntnis der grundlegenden psycholinguistischen Prozesse eine wichtige Grundlage für die Förderung und Überprüfung von Sprechkompetenzen als Teil von Mündlichkeitskompetenz ist.

Diese müssen systematisch angebahnt und durch *Scaffolding* unterstützt, geübt und auch (von den Lernenden) in einem gewissen Maß sprach(lern)bewusst reflektiert werden – auch und gerade für eine erfolgreiche Bewältigung mündlicher Kommunikationsprüfungen. Daher ist eine umfassende unterrichtliche Vorbereitung eine wesentliche Voraussetzung für ihr Gelingen (siehe auch Kapitel 5). Es ist dabei besonders wichtig, Gesprächsanlässe so zu wählen, dass die Lernenden auf Vorwissen und ggf. passende sprachliche Strukturen und Strategien zurückgreifen können und zugleich im Unterricht eine Vielzahl von *Chunks* und Strategien zu vermitteln, sodass die Sprechproduktion so automatisiert wie möglich erfolgen kann, um einen hinreichenden Grad von Flüssigkeit im Sprechen und der Interaktionen zu erzielen.

## 2.3 Die gesprochene Sprache

Die Komplexität und Flüchtigkeit des Sprechvorgangs gehen auch mit Auswirkungen auf die gesprochene Sprache einher. Gesprochene und geschriebene Sprache lassen sich zwar nicht grundsätzlich voneinander trennen, aber es gibt doch einige Besonderheiten mündlicher Sprache, die auch der Förderung des Sprachbewusstseins dienen können (vgl. z. B. Rogge 2012, Goh 2019) und die es bei der Bewertung von Sprechleistungen zu berücksichtigen gilt. Bevor diese vorgestellt werden, erscheint es wichtig, auf die Kontextgebundenheit von Gesprächsanlässen hinzuweisen: Sprachproduktion – ganz gleich ob mündlich oder schriftlich – ist immer an die jeweilige Diskursstruktur gebunden und unterliegt bestimmten Genremerkmalen, die beachtet werden müssen.

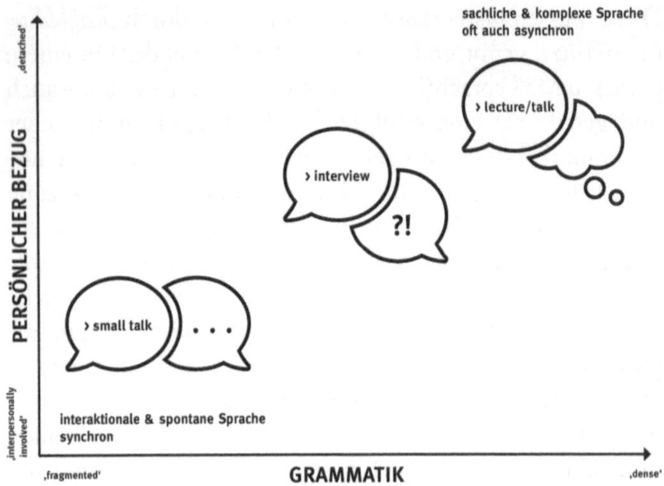


Abbildung 2: Kontinuum der Sprachproduktion (adaptiert von Goh & Burns 2012, Goh 2019)

Goh und Burns (2012: 79) schlagen in diesem Zusammenhang vor, mündliche und schriftliche Sprachproduktion auf einer Art Kontinuum zu sehen:

> [...] language production can be thought of as a kind of continuum, with 'most spoken' texts that relate to immediate action at the one end and 'most written' texts that are abstract and reflective at the other. Somewhere around the middle of the continuum lie texts that have characteristics of both modes, so they blur the typical distinctions [...].

Auch wenn es nicht ganz unproblematisch ist, veranschaulicht das Bild des Kontinuums die Bedeutung des genrebasierten Ansatzes. Verschiedene kommunikative Formen lassen sich auf dem Kontinuum verorten und bezüglich ihrer (grammatikalischen) Charakteristika illustrieren. So unterscheidet sich der Small Talk beispielsweise in seinen (grammatikalischen) Strukturen, der verwendeten Lexik und dem persönlichen Bezug deutlich von einem wissenschaftlichen Vortrag (siehe Abbildung 2, vgl. auch Goh 2019, Paltridge 2006).

Im deutschsprachigen Kontext haben Koch und Oesterreicher (1985: 21) schon früh darauf hingewiesen, dass ein Kontinuum von gesprochener hin zu geschriebener Sprache jedoch keinesfalls linear gedacht werden darf. Stattdessen fügen sie die Komponente der Kommunikationsformen hinzu und schlagen vor, auch in eine **Sprache**

- **der Nähe** (charakterisiert z. B. durch Vertrautheit der Gesprächspartner*innen, Dialog, freie Themenentwicklung, Spontaneität, Emotionalität) und
- **der Distanz** (charakterisiert z. B. durch Fremdheit der Gesprächspartner*innen, Monolog, feste Themenbindung, Planung, fehlende Emotionalität) zu unterscheiden.

Dabei ist zu beachten, dass in der Beschreibung kommunikativer Genres immer auch die Kommunikationsbedingungen mitbedacht werden müssen (siehe Kapitel 4). Gesprochene Sprache ist folglich nicht per se grammatikalisch weniger komplex: So sind z. B. wissenschaftliche Vorträge sowohl von einer grammatikalischen und lexikalischen Dichte geprägt, die eher der Schriftsprache (Sprache der Distanz) zugeschrieben werden (Goh 2018, 2019), während Textnachrichten, die per Messenger verschickt werden, eher reduziert und fragmentiert sind und der Sprache der Nähe zugeordnet werden können.

Zusammenfassend lässt sich festhalten, dass Lernende transparent mit den unterschiedlichen Formen der Sprachproduktion sowie deren Merkmalen und Regeln vertraut gemacht werden sollten, denn die Vertrautheit mit unterschiedlichen Formen mündlicher Kommunikation kann Lernenden nicht nur als *Script, Schema* und *Scaffold* dienen (vgl. Matz/Rogge/Rumlich 2018: 3) und damit das Arbeitsgedächtnis entlasten, sondern auch den Lernerfolg positiv beeinflussen (vgl. Morton 2009). Mit Hilfe erlernter *Chunks* können Lernende diese als eine Art Muster (*Template/Frame*) nutzen; darüber hinaus können Kommunikationsstrategien zusätzliche Freiräume und Gedächtniskapazität schaffen, Sicherheit geben und bei Bedarf Lücken überbrücken.

## 2.4 Formen mündlicher Kommunikation

In den 1980er Jahren wurden bereits Versuche unternommen, gesprochen Sprache in Form von Sprechaufgaben näher zu beschreiben und anhand ihrer **Makrofunktionen** zu klassifizieren. Diese Beschreibungen beziehen sich aber vor allem auf sogenannten *Information-Related Talk*, während *Social Talk* als natürlicher Teil aller Sprechhandlungen eher ausgeklammert wird (Luoma 2004: 32). Grundsätzlich wird entsprechend in zwei Formen unterschieden:

| Sachlich orientierte Gespräche | Bewertende Gespräche |
|---|---|
| Beschreibung | Erklärung |
| Erzählung | Rechtfertigung/Begründung |
| Instruktion | Voraussage |
| Vergleich | Entscheidung |

Tabelle 2: Gesprächsarten für informationsbezogenes Sprechen (adaptiert von Bygate 1987 sowie Luoma 2004: 32)

Diese Gesprächsarten finden sich auch im *GeR*, der die Skalen mündlicher Sprachproduktion konkretisiert (Europarat 2020: 75–80).

**Mikrofunktionen** hingegen erfüllen individuelle Sprachhandlungen, die oft innerhalb einer Interaktionsfolge abgeschlossen werden können (z. B. jemanden einladen, sich entschuldigen oder bedanken, Europarat 2001: 125, Luoma 2004: 33). Neben diesen Handlungssituationen werden auch entsprechende strategische Kompetenzen beschrieben (*Planning, Compensating, Monitoring* und *Repair*), die von Sprechenden zu beherrschen sind.

Die Bildungsstandards übernehmen aus dem *GeR* eine weitere grundsätzliche Unterscheidung in zwei Grundformen mündlicher Kommunikation, die sich auch in mündlichen Kommunikationsprüfungen wiederfindet:

- Monologisches Sprechen: mündliche Produktion von Sprache bzw. zusammenhängendes Sprechen
- Dia-/Multilogisches Sprechen/Interaktion bzw. an Gesprächen teilnehmen (KMK 2003: 13, KMK 2012: 16 f.).

| Monologisches Sprechen | Dia-/Multilogisches Sprechen |
|---|---|
| • über eigene Erfahrungen sprechen<br>• Informationen weitergeben<br>• einen Standpunkt wiedergeben<br>• öffentliche Durchsagen<br>• Rede vor Publikum<br>• Beschreibung | • die Gesprächspartner*innen verstehen<br>• in sozialen Kontexten Konversation betreiben<br>• an informellen Diskussionen unter Freund*innen teilnehmen<br>• an formalen Diskussionen teilnehmen<br>• zielgerichtete Kooperation<br>• Dienstleistungen und Produkte erhalten Informationsaustausch<br>• Interviews führen<br>• Formen von Telekommunikation nutzen |

Tabelle 3: Makrofunktionen monologischen und dia-/multilogischen Sprechens (vgl. Europarat 2020: 75–80).

Aus diesen Formen monologischer und dialogischer Kommunikation lassen sich konkrete Sprechsituationen bzw. Genres ableiten, die sich für kommunikative Aufgaben und Prüfungssituationen eigenen, die im folgenden zweiten Teil näher betrachtet werden.

**Aufgabe:**

Denken Sie zurück an den in der 1. Aufgabe gewählten Sprechanlass bzw. die Interaktionssituation und überlegen anhand der Abbildung 2, an welcher Stelle des Kontinuums der Sprachproduktion sich dieses von Ihnen gewählte Genre verorten lässt. Spezifizieren Sie nun zum einen, welchen Merkmalen und Regeln dieses Genre unterliegt und wie es Ihren Lernenden als *Script, Schema* und *Scaffold* dienen kann, um das Arbeitsgedächtnis zu entlasten. Zum anderen überlegen Sie, welche Aspekte der gesprochenen Sprache besonders relevant sind und in eine Bewertung miteinbezogen werden müssten. Im sechsten und siebten Kapitel werden Sie noch einmal hierauf zurückkommen können.

# Teil II: Anbahnung von Mündlichkeitskompetenzen

Während der erste Teil einen Einblick in die Grundlagen der Mündlichkeits- und Diskurskompetenz im Allgemeinen sowie des Sprechens im Speziellen gibt, befasst sich der zweite Teil mit deren Überprüfung. Da mündliche Kommunikationsprüfungen „in einen längerfristigen Kontext eingebunden sein und sich an der komplexen Lernaufgabe als Planungsprinzip des Unterrichts orientieren" sollten (Matz/Rogge/Rumlich 2018: 3), gilt es, sie vom Unterricht her zu denken und zu entwickeln.

Das bedeutet zunächst, dass der Unterricht in der Zielsprache organisiert wird und dem Prinzip der funktionalen Fremdsprachigkeit folgt (vgl. Siebold 2004: 147). Die Aneignung und regelmäßige Verwendung von Routinen sowie Ritualen, die auf alltagssprachlichen kommunikativen Funktionen und Sprechhandlungen basieren (wie z. B. Gesprächseröffnungen, Nachfragen bei Nichtverstehen, Verabschiedungen etc.), sorgen für eine Gewöhnung und gewisse ‚Natürlichkeit' bei der Verwendung der Fremdsprache; dies gilt auch für den Rückgriff auf typische mündliche Genres und deren kommunikative Strukturen. An diese Aspekte soll inhaltlich-sprachlich sowie affektiv-emotional zur Schaffung einer Performanz förderlichen Prüfungsatmosphäre angeknüpft werden.

Die beiden folgenden Kapitel befassen sich daher mit der Gestaltung von Kommunikationsprüfungen und darauf aufbauend mit ihrer unterrichtlichen Anbahnung.

# 3 Was sind mündliche Kommunikationsprüfungen?

Bisher gibt es im deutschen Schulkontext weder eine gemeinsame Bezeichnung noch ein einheitliches Regelwerk bzw. eine länderübergreifende Handreichung für die Erfassung und Bewertung von mündlichen Kommunikationskompetenzen im Rahmen einer mündlichen Prüfung als Ersatz für bzw. mit der Wertigkeit einer schriftlichen Klassenarbeit/Klausur. Bereits bei der Begrifflichkeit herrscht keine Einigkeit: So finden z. B. in Nordrhein-Westfalen **mündliche (Leistungsüber)Prüfungen** statt (MSB NRW 2022), während in Hessen **mündliche Kommunikationsprüfungen** (Hessisches Kultusministerium 2021) und in Niedersachsen **Sprechprüfungen** durchgeführt werden (Niedersächsisches Kulturministerium 2014). Dadurch ist nicht klar, ob diesen unterschiedlichen Begrifflichkeiten möglicherweise ein unterschiedliches Kompetenzkonstrukt zugrunde liegt, das durch die Prüfungen erfass- und bewertbar gemacht werden soll.

> The first general question asked by any test developer is 'What is the construct that we are aiming to assess?' In lay terms this is simply asking 'What exactly is this a test of?' and our general answer here would be 'Speaking'. However, the diverse nature of speaking makes the definition of the construct challenging. (Hughes 2011: 84)

## 3.1 Begriffsbestimmungen

Während der Terminus mündliche Prüfung kompetenzoffen und allumfassend ist, suggeriert Sprechprüfung das isolierte Prüfen der spezifischen kommunikativen Kompetenz des Sprechens (was bspw. Hör- oder visuelle Kompetenzen ausgrenzt und interaktionale dia- bzw. multilogische Aspekte nur implizit einbezieht). Der Begriff **mündliche Kommunikationsprüfung** kommt der zugrunde liegenden Überzeugung dieses Bandes am nächsten, nämlich dass die Entwicklung von Mündlichkeitskompetenz/*Oracy* – als Gegenstück zu *Literacy/Numeracy* und konstituierender Teil von medien- und modusübergreifender Diskuskompetenz – das (zu prüfende) Mündlichkeitsziel zeitgemäßen Fremdsprachenunterrichts darstellt.

Auch ein Jahrzehnt nach der nahezu flächendeckenden verpflichtenden Einführung mündlicher Prüfungsformate herrscht anscheinend „in der Praxis doch häufig eine – berechtigte – Unsicherheit, was die konkrete Umsetzung angeht" (Schnitter 2010: 3). Das dritte Kapitel hat daher zum Ziel, diese Unsicherheit zu adressieren. Es folgen vier damit verbundene Fragestellungen (vgl. Matz/Rogge/Rumlich 2018):

1. **Über was** und **mit welchem Ziel** (Inhalts-, Aufgaben- und Mündlichkeits[kompetenz]orientierung),
2. **mit wem** und **auf welche Art und Weise** (Interaktion),
3. **in welcher Form** (Genreorientierung) sollen Lernende im Rahmen ihrer Prüfung sprechen und
4. **wie lässt sich eine Progression** in der Gestaltung der mündlichen Kommunikationsprüfungen abbilden?

Die Grenzen dieser Fragestellungen sind jedoch fließend, denn über was und mit welchem Ziel Lernende in ihrer Prüfung sprechen, hat direkte Auswirkungen darauf, wie sie miteinander sprechen, welches Genre diesem (Prüfungs-) Gespräch zugrunde liegt und wie dies bewertet werden könnte und sollte (siehe Teil III). Dieses Kapitel beginnt zunächst mit der Frage, über was und mit welchem Ziel gesprochen werden könnte und sollte.

## 3.2 Inhalts-, Aufgaben- und Mündlichkeits(kompetenz)orientierung

In der Prüfungsplanung sind sowohl das Vorwissen und die Interessen der Schüler*innen zu berücksichtigen als auch die Relevanz und, so gut wie möglich, die Alltags- bzw. Realitätsnähe der Inhalte. Der Rückgriff auf lebensweltlich relevante Themen führt eher dazu, dass die Teilnehmenden der mündlichen Kommunikationsprüfung miteinander sprechen (möchten), da sie sich etwas zu sagen haben (vgl. Rogge 2012: 3). Dies hat potenziell auch positive Auswirkungen auf die sprachliche Performanz. Dabei sei auch an Mündlichkeitskompetenz als Teil von Diskurskompetenz als der zentralen, von der Fremdsprachendidaktik formulierten Zieldimension fremdsprachlichen Unterrichts erinnert (siehe Teil I). Sie hat zum Ziel, Lernenden die Teilhabe an gesellschaftlichen Diskursen bzw. die Entwicklung entsprechender Kompetenzen zu ermöglichen. Das gilt sowohl für zukünftige als auch aktuelle Teilhabe und Diskurse. Daher ist es nur konsequent, sich im Rahmen von Prüfungen an (aktuell) lebensweltlich relevanten Themen und Diskursen zu orientieren und dabei entsprechende, zur Teilhabe notwendige Kompetenzen zu erfassen.

Damit Schüler*innen auch in Prüfungssituationen in einer möglichst realitätsnahen Weise erfolgreich (miteinander) sprechen (können/möchten), sollten Sprechanlässe demnach

- für die Lernenden bedeutsam sein,
- bildungsrelevante Inhalte einbeziehen,
- sich an realistischen und hinreichend komplexen Verwendungssituationen orientieren,
- multimediale und -modale Bedeutungskontexte berücksichtigen (vgl. Rogge 2021: 116).

Je nach Alter und (zu prüfendem) Kompetenzniveau sollten die Kommunikationsinhalte folglich sowohl dem Nahbereich der Lernenden und/oder ihrer Alltagswelt entstammen, aber auch (global-)gesellschaftlich relevante Themen umfassen und auch für die Zukunft und das berufliche Leben vorbereitend sein. Dies kann unter anderem auch dadurch gelingen, dass Lernende sich innerhalb eines Themengebietes einen Fokus selbst wählen können.

Neben dem Inhalt sollte auch vor allem das verfolgte Gesprächs- und Prüfziel transparent sein. Beide sind wiederum eng mit den Sprach- und Kommunikationsfunktionen der jeweiligen Aufgabe verbunden und sollten ebenfalls realitätsnah und relevant sein. Eberharter et al. (2018: 103) weisen auf den wichtigen Zusammenhang zwischen Testkonstrukt und Aufgabenerfüllung hin, denn um „eine Aussage über die mündliche Sprachkompetenz von Schüler*innen treffen zu können, müssen diese beim Erfüllen einer Aufgabenstellung beobachtet werden". Eine Aufgabe, bei der Lernende ein Bild zunächst beschreiben und anschließend analysieren sollen, wird von diesen wahrscheinlich als wenig authentisch, relevant oder alltagsnah wahrgenommen; auch die Bestimmung des zugrunde liegenden kommunikativen Genres und seiner typischen Merkmale sowie das Auffinden eines authentischen *good-practice* Beispiels fallen schwer. Dies sind zugleich Indizien für eine wenig geeignete Aufgabenstellung und die gewünschte Sichtbarmachung von Mündlichkeitskompetenzen wird daher auch nur eingeschränkt gelingen. Viele Aufgaben basieren nur zu einem sehr kleinen Teil auf authentischen Sprechanlässen und bilden kaum Sprach- bzw. Sprechfunktionen ab, die in der gesprochenen Sprache benötigt werden und eine ‚natürliche' Interaktion sowie Aushandlungsprozesse zwischen den Sprechenden zulassen (vgl. Hughes 2011).

## 3.3 Interaktion & Co-Konstruktion

Einer der wesentlichen Gründe für (mündliche) Kommunikation besteht häufig darin, etwas Neues von anderen zu erfahren. Daher sollten mündliche Kommunikationsprüfungen so gestaltet werden, dass sie in Paar- bzw. Gruppenkonstellationen erfolgen, in denen sich die Schüler*innen etwas (Neues) zu sagen haben und die Gesprächspartner*innen etwas Neues voneinander erfahren (auch wenn eine gewisse Künstlichkeit aufgrund der beobachteten Prüfungssituation unvermeidbar ist). Der Einfluss der Gesprächspartner*innen auf den Prüfungsverlauf ist nicht zu unterschätzen und kann sowohl positive als auch negative Verstärkung zur Folge haben (vgl. z. B. Hughes 2011: 89). Beim Sprechen stehen wir u. a. aufgrund der Unmittelbarkeit der Interaktionssituation unter Druck, in kurzer Zeit auszudrücken, was wir sagen wollen. Wir möchten zudem richtig verstanden werden bzw. die andere(n) Person(en) richtig verstehen. Bedeutung(en) und (wechselseitiges) Verständnis werden dabei verbal und non-verbal konstruiert, ggf. treten die Beteiligten in Bedeutungsaushandlungen ein (*negotiation of/for meaning*). Zudem möchten wir das Gesagte nicht nur verstehen, sondern auch entsprechend darauf reagieren (können). Dazu kommt die Beteiligung unserer Identität und die Unmittelbarkeit der sozialen Situation. Unter Prüfungsbedingungen wird der durch diese Prozesse entstehende Druck weiter verstärkt und sollte durch soziale bzw. emotionale Aspekte der Prüfungskonstellationen nicht zusätzlich erhöht werden.

Statistisch gesehen ist der ungezwungene soziale und alltägliche Austausch zwar das häufigste (und damit auch das bekannteste) Genre der mündlichen Kommunikation (vgl. ebd.: 84), zugleich ist es aber auch das, welches im geringsten Maße abgeprüft wird:

> [...] the vast bulk of spoken discourse is commonplace, situated, informal and as infinitively varied as the participants and their particular concerns at the time of talking. Through such discourse shared understanding of given and new information emerges, relationships, opinions and social identity are formed; and the performative and creative aspects of talk such as jokes, stories and wordplay are carried out. (ebd.)

Mündliche Kommunikationsprüfungen sollten folglich möglichst lebensnahes kommunikatives Handeln erlauben und entsprechend auch *Casual Conversation* in Paar- und Gruppenprüfungen ermöglichen. Es empfiehlt sich also, Interaktionsformen, die im Rahmen von Routinen und Ritualen etabliert werden, auch zur Rahmung der Prüfung selbst zu nutzen. Dies mag für das **interaktionale Sprechen** (dia-/multilogischer Prüfungsteil) logisch erscheinen, da hier *Turn Taking* Strategien, das Nachfragen und das Eingehen auf die Andere/den Anderen Teil erfolgreicher Kommunikation und der Überprüfung sind. Aber im Teil des **zusammenhängenden Sprechens** (monologischer Prüfungsteil) sind interaktive Elemente keinesfalls zu vernachlässigen: So gehören z. B. die Begrüßung, die Leitung der Zuhörenden durch den Vortrag, die Verständnissicherung (bspw. durch non-verbale Gesten oder kurzes Nachfragen) sowie eine Zusammenfassung und der Dank für das Zuhören am Ende sowohl zur Adressat*innenorientierung als auch zur Situationsangemessenheit dazu.

## 3.4 Adressat*innenorientierung und Situationsangemessenheit

Den Lernenden sollte folglich bereits vor der Prüfung zum einen transparent sein, mit wem sie während der Prüfung interagieren, und zum anderen, welche Bewertungskriterien sich aus der Art und Weise ergeben, in der sie miteinander interagieren werden. Dies ist zudem eng mit der Frage nach Adressat*innenorientierung und Situationsangemessenheit verbunden. Denn wie auch in der mündlichen Kommunikation generell, sollte es bei mündlichen Kommunikationsprüfungen darum gehen, sich angemessen, adressat*innen- und genregerecht zu bewähren (vgl. Matz/Rogge/Rumlich 2018: 153), was nur bei einer entsprechenden Klarheit und situativen Plausibilität ermöglicht wird. Aufgabenstellungen, die beispielsweise vorgeben, dass Lernende mit einem amerikanischen Austauschschüler sprechen anstelle mit der Mitschülerin, die ihnen gegenübersitzt, können entsprechende Verwirrung verursachen. Lernende müssen zudem mit (sozialen) Konventionen des Kommunikationsgenres und dem angemessenen Register vertraut sein.

**Aufgabe:**

Kehren Sie nun wieder zu Ihrem eigenen Beispiel zurück, überlegen Sie, für welche Jahrgangsstufe dieser Sprechanlass im Rahmen einer mündlichen Kommunikationsprüfung geeignet wäre. Überprüfen Sie nun für sich, ob der von Ihnen gewählte Sprechanlass

- für Ihre Lernenden bedeutsam ist,
- bildungsrelevante Inhalte einbezieht,
- sich an realistischen und hinreichend komplexen Verwendungssituationen orientiert sowie
- multimediale und -modale Bedeutungskontexte berücksichtigt (vgl. Rogge 2021: 116, sowie Kapitel 3.2).

Falls der von Ihnen gewählte Sprechanlass dieser Überprüfung nicht standhalten sollte, überlegen Sie, welche Anpassung Sie vornehmen müssten.

# 4 Mündlichkeitskompetenz und mündliche Kommunikationsprüfungen: Ein genrebasierter Ansatz

Die Herausforderung einer adressat*innen- und kulturgerechten sowie situationsangemessenen Kommunikation besteht auch im Prüfungskontext darin, dass sie nur dann erfolgen kann, wenn Sprechende die erforderlichen Genres der mündlichen Kommunikation beherrschen. Sprache bzw. deren Verwendung, um etwas auszudrücken und Bedeutung zu erzeugen, greift an vielen Stellen auf wiederkehrende Muster, Abläufe, Strukturen, Regelhaftigkeiten und Konventionen zurück, die sozial und kulturell beeinflusst sind. Dies gilt sowohl für die unteren sprachlichen (Mikro-) Ebenen (z. B. Aussprache, Lexik und Satzgrammatik), als auch für die höheren (Makro-)Ebenen von zusammenhängenden Texten und Diskursen (z. B. in Bezug auf Anfang und Ende, typische Interaktionsmuster, Bedeutungserzeugung/-aushandlung und Herstellung einer Beziehung/*Rapport*).

## 4.1 Trans- und interaktionale Genres

In diesem Zusammenhang ist der Genre-Begriff hilfreich, der die Wichtigkeit der damit verbundenen Kompetenzen für die Ziele des schulischen Fremdsprachenunterrichts herausgestellt:

> Ob einfache Begrüßung oder komplexer Streit, ob informeller Smalltalk oder formales Vorstellungsgespräch:

> Interaktion folgt immer – mehr oder weniger ausgeprägt – sprachlich diskursiven als auch sozialen Formen und Regeln. Solche Strukturen erkennen und selbst verwenden zu können ist gemein mit ‚generischem Lernen'. ‚Genre' wird dabei verstanden nicht nur als textuelles Muster, sondern als kulturell verfügbare Ressource, mit der in kommunikativen Akten Bedeutung erzeugt wird. Daher ist der Erwerb generischer Kompetenzen zentral für das Bildungsziel fremdsprachiger Diskursfähigkeit. (Hallet 2011: 2)

Damit sind generische Kompetenzen, die z. T. aus dem Deutschen und ggf. anderen Erstsprachen übertragen werden können, nicht nur ein wichtiger Teil von Mündlichkeitskompetenzen, sondern erfüllen auch eine besondere Entlastungs- und Unterstützungsfunktion für die ressourcenintensiven Sprechprozesse und damit auch für die Performanz in mündlichen Kommunikationsprüfungen. Sie sind daher Weg und Ziel bzw. sowohl im Hinblick auf den Prozess als auch das Produkt/*Outcome* relevant.

Gleichzeitig sind uns die genretypischen Merkmale in schriftlicher Kommunikation u. a. aufgrund von höheren Graden an Normierung, Standardisierung, Sichtbarkeit, Permanenz, Bewusstmachung und gezielter Übung in der Regel deutlicher als in mündlicher Kommunikation. Daher ist die gezielte Adressierung mündlicher Genrekompetenzen ein wichtiger Teil der unterrichtlichen Anbahnung von Kommunikationsprüfungen, z. B. mithilfe von (vorgegebenen oder selbst erarbeiteten) Sichtbarmachungen von Kommunikationsverläufen, deren Strukturen, Funktionen und Realisierungsmöglichkeiten (etwa anhand von Praxeogrammen/Gesprächsschemata, vgl. Kieweg 2011) und deren produktiver Nutzung bzw. gezielter Manipulation zur Realisierung von Sprechakten. Die Frage, in welcher Form die Prüflinge miteinander sprechen, ist folglich für die Sprechprüfung ein wichtiges Planungs- und Bewertungselement. Doch welche Genres bzw. welche Aufgabenformate eignen sich für mündliche Kommunikationsprüfungen? Im Folgenden werden unterschiedliche Beispiele gemäß der typischen curricularen Einteilung in monologisches vs. dia-/multilogisches Sprechen skizziert.

## 4.2 Zusammenhängendes (monologisches) Sprechen

Auch wenn der Begriff etwas anderes suggeriert, spielen auch im monologischen Sprechen interaktionale Aspekte eine zentrale Rolle, da sich gesprochene Sprache immer auch an präsente oder potenzielle Zuhörende richtet, die es zu berücksichtigen gilt. In ihrer Übersicht über gesprochene Texte fokussieren sich Vandergrift und Goh (2012) zwar auf gesprochene Sprache zur Förderung des Hörverstehens; diese lassen sich jedoch exemplarisch auch für mündliche Kommunikationsprüfungen adaptieren.

| **Genre (zusammenhängendes/ monologisches Sprechen)** | **Aufgabenerfüllung (Zuhörende sollten in der Lage sein, Folgendes zu verstehen)** |
|---|---|
| *Storytelling* | Setting, Handlungen und Motive der Charaktere, Probleme und deren Lösung |
| *Language-in-action*: Kommentare, Erklärungen etc. | Instruktionen für und während einer Handlung verstehen |
| *Information giving*: Vorträge, Nachrichten etc. | Wichtige Handlungen und Entwicklungen verstehen |

Tabelle 4: Gesprochene monologische Texte (adaptiert von Vandergrift & Goh 2012 sowie Goh 2019: 855)

Für Schüler*innen ließe sich diese Tabelle mit zusätzlichen Aspekten wie z. B. Register, typische *Chunks* etc. erweitern. Durch den Fokus auf das Hörverstehen fehlen bei der Auflistung die Aufgabenformate „Anleitungen und Impulsfragen“ sowie „Beschreibung von Bildern und Grafiken“, die im deutschen Schulkontext verbreitet sind (s. Eberhardter/Kremmel/Konzett-Firth 2018: 104–105). Beide können aber mit entsprechender Vorbereitungszeit kombiniert werden, indem z. B. eine Bildergeschichte im Rahmen des *Storytellings* nacherzählt wird oder eine Grafik als Impuls für einen Kommentar bzw. Erklärung genutzt werden. Bei der Auswahl der Bilder und Grafiken sollte aber darauf geachtet werden, „dass diese von Prüflingen auch missverstanden oder falsch interpretiert werden können“ (ebd. 105).

## 4.3 Dia-/Multilogisches Sprechen

Die oben begonnene Tabelle lässt sich auch für das interaktionale Sprechen weiterführen; auch hier ist es für die Schüler*innen wichtig, das Aufgabenziel zu verstehen.

| **Genre (dia- bzw. multilogisches Sprechen)** | **Aufgabenerfüllung (Zuhörende sollten in der Lage sein, Folgendes zu verstehen)** |
|---|---|
| *Recounts*: Konversationen, Interviews | vergangene Geschehnisse/Erlebnisse und ihre Bedeutung |
| *Ansichten und Meinungen*: Interviews, Diskussionen | Kommentare und Meinungen basierend auf Fragen bzw. Themen |
| *Debatten und Argumentieren*: Meinungsaustausch, Diskussion | Ansichten, Theorien, Pläne von Seiten einer klar erkennbaren Position |
| *Service Encounters*: Konversationen, kurze Austausche | Verkaufsgespräche oder kurze Beratungen |
| *Learning Interaction*: Diskussion, gelenkte Gespräche | akademische Diskurse, Lerninhalte |

| Genre (dia- bzw. multilogisches Sprechen) | Aufgabenerfüllung (Zuhörende sollten in der Lage sein, Folgendes zu verstehen) |
|---|---|
| *Problem Sharing*: Konversationen, Talk Shows, Interviews | Probleme, die nach einer Lösung(sstrategie) bzw. Verständnis verlangen |

Tabelle 5: Gesprochene dialogische Texte (adaptiert von Vandergrift & Goh 2012 und Goh 2019: 855)

Bei der Planung der Prüfung sollte darauf geachtet werden, welche Folgen aus den einzelnen Genres bzw. der Aufgabenstellung für die Prüflinge resultieren. So ergibt sich z. B. bei einem Interview durch die Ungleichheit der Sprechenden

> eine geringere Repräsentation des Konstrukts für das interaktive Sprechen [...], da die GesprächspartnerInnen nicht auf Augenhöhe sprachlich kooperieren und sich die KandidatInnen dem/der GesprächspartnerIn gegenüber nicht kritisch äußern oder keine bzw. selten Fragen an den/die PrüferIn richten. (Eberhardter/Kremmel/Konzett-Firth 2018: 106)

Es gilt zudem zu verhindern, dass etwa durch das Prüfungsszenario, komplexe Rollenvorgaben, abwegige Positionen oder durch geringe kommunikative Freiräume einzelne Schüler*innen benachteiligt werden.

## 4.4 Progression in Kompetenzen und Aufgaben

Bei der Herausforderung der Abbildung einer Progression in den Aufgaben lohnt sich zunächst ein Blick in die Kompetenzbeschreibungen für die jeweilige Sekundarstufe. Hier finden sich auch die in Kapitel 1 bereits diskutierten Makrofunktionen. Im Bereich des monologischen Sprechens bedeutet dies für Lernende am Ende der Sekundarstufe I

(Zielniveau B1 gemäß *GeR*), dass sie „Erfahrungen und Sachverhalte zusammenhängend darstellen, z. B. beschreiben, berichten und bewerten“ können sollten (KMK 2003: 13). Für die Sekundarstufe II (Zielniveau B2 gemäß *GeR*) fällt diese Beschreibung entsprechend komplexer aus, da die Lernenden hier zum einen „klare und detaillierte Darstellungen“ geben und zudem „ihren Standpunkt vertreten und erläutern sowie Vor- und Nachteile verschiedener Optionen angeben“ können sollten (KMK 2012: 16). Im Bereich des dialogischen Sprechens wird dagegen erwartet, dass die Schüler*innen „an Gesprächen über vertraute Themen teilnehmen, persönliche Meinungen ausdrücken und Informationen austauschen“ können (KMK 2003: 13).

In der Sekundarstufe II sollten die Schüler*innen sich „weitgehend flüssig, sprachlich korrekt und adressatengerecht sowie situationsangemessen an Gesprächen beteiligen“ können und in der Lage sein, auch bei weniger vertrauten Themen „in einer gegebenen Sprechsituation zu interagieren“ (KMK 2012: 16). Für die Progression über die Schuljahre hinweg bedeutet dies, dass in den ersten Jahren sehr viel mehr der ungezwungene soziale und alltägliche Austausch sowie Kommunikation im Nahbereich durch die Aufgabenformate in den Mittelpunkt gerückt werden sollte. Gerade zu Beginn der Sekundarstufe I können Lernende beispielsweise Lernprodukte vorstellen, die sie in der Primarstufe selbst erarbeitet haben und diese kurz beschreiben und erklären. Kurze, persönliche Austausche über Interessen, Vorlieben und Erfahrungen sowie kleine Rollenspiele im Rahmen der *Service Encounters* eignen sich hier entsprechend.

Im Hinblick auf die thematische und sprachliche Komplexität sollten zunehmend bildungssprachliche Elemente Eingang in die Aufgabenformate finden. Dies kann unter

Rückgriff auf die sogenannten *Discourse Functions* gelingen. Dalton-Puffer (2013: 11) definiert diese als

> patterns which have arisen from the demand that participants within the institution school orient toward explicit or implicit learning goals and the fact that they have repeated need for communicating about ways of handling and acting upon curricular content, concepts and facts. It is in their very nature that they provide speakers with schemata (discoursal, lexical and grammatical) for coping with standard situations in dealing with the task of building knowledge and making it intersubjectively accessible.

Entsprechend sind diese nicht mit den Operatoren des Abiturs gleichzusetzen, sondern gehen darüber hinaus (vgl. Matz/Rogge/Rumlich 2020: 26). Für die Aufgabenformulierung lassen sich so die folgenden *Discourse Functions* nutzen: beschreibe, definiere, erkläre, argumentiere, evaluiere und modelliere (vgl. Meyer et al 2015: 8). So kann die Komplexität der erwarteten gesprochenen Sprache bereits durch die Aufgabenstellung gesteuert werden.

Besondere Relevanz erhält der genre-basierte Ansatz insbesondere durch die vielfältigen digitalen Formen der Kommunikation (wie z. B. Chats, Blogs, Social-Media-Anwendungen). Daher ist es von zentraler Bedeutung, diese neuen Formen der Mündlichkeit ebenfalls durch generische Modelle im Unterricht abzubilden und diese aktiv einzubinden, damit die Lernenden auch künftig an lebensweltlichen Diskursen in Fremdsprachen (aber auch ihrer Erstsprachen) aktiv teilhaben können. Dabei sollte auf das vorhandene Genre(vor)wissen der Schüler*innen aktiv zurückgegriffen werden und die Lehrkraft bei Bedarf stärker die Rolle als Co-Lernende*r annehmen. Dies geht mit nicht zu unterschätzendem motivationalen Potential für Schüler*innen einher, unter anderem aufgrund von Kompetenzerleben und einer Selbstbewusstseinsstärkung durch den Rollenwechsel.

**Aufgabe:**

Wählen Sie jeweils ein monologisches und ein dia-/multilogisches Genre für eine mündliche Kommunikationsprüfung (siehe Kapitel 4.2 und 4.3). Überlegen Sie für beide Genres, wie Sie im Rahmen einer unterrichtlichen Vorbereitung die jeweiligen Kommunikationsverläufe und Strukturen sowie deren Funktionen für Ihre Lernenden sichtbar machen können. Spezifizieren Sie sowohl für das transaktionale als auch für das interaktionale Beispiel, welche Aspekte sich für die jeweiligen Zuhörenden ergeben, die von den Sprechenden berücksichtig werden müssen.

# 5 Wie bereitet man mündliche Kommunikationsprüfungen unterrichtlich vor?

Wie zuvor dargestellt sollten mündliche Kommunikationsprüfungen weder aus der Perspektive der Lernenden noch der Lehrenden isoliert von der entsprechenden (unterrichtlichen) Vorbereitung gedacht werden, sondern bedürfen einer langfristigen Anbahnung: Einerseits aufgrund der Tatsache, dass sich Mündlichkeitskompetenzen im Allgemeinen und Sprechkompetenzen im Speziellen (aufgrund ihrer bereits in Kapitel 2 ausführlich dargestellten Natur) vergleichsweise langsam entwickeln. Andererseits sind schriftliche Leistungsüberprüfungen weiterhin die Regel, sodass mündliche Kommunikationsprüfungen trotz ihrer zunehmenden Verbreitung und Regelmäßigkeit (in Nordrhein-Westfalen kann z. B. eine schriftliche Arbeit pro Schuljahr durch eine mündliche Prüfung ersetz werden) weiterhin eine Besonderheit für alle Beteiligten darstellen. Zudem ist sowohl ihre unterrichtliche als auch ihre organisatorische Anbahnung zeitintensiv.

Die organisatorische Vorbereitung sollte zu Beginn des Schuljahres bzw. mindestens ein halbes Jahr vor der geplanten Durchführung einsetzen, da Absprachen auf vielen Ebenen erforderlich sind (auch außerhalb des eigenen Unterrichts, z. B. mit Kolleg*innen aus den Parallelklassen, auf Ebene der Fachschaft sowie ggf. mit der Schulleitung). Aber auch eine langfristige und ausreichende Transparenz für die Lerngruppe sowie Eltern und (Mit-)Prüfende (vgl. Henseler/Obst 2013a: 11) sind wichtig für die Akzeptanz und das Gelingen dieser Prüfungen: Frühzeitige Absprachen und

Informationen über Prüfungstermine, mögliche Themen, Bezugstexte und Aufgabenstellungen sind mehr als empfehlenswert (siehe auch Teil III).

Wie bereits erläutert stellen mündliche Kommunikationsprüfungen Lernende vor Herausforderungen. Insbesondere wenn Schüler*innen mit dem Prüfungsformat noch nicht vertraut sind (in der Regel in den unteren Jahrgangsstufen), sollten die konkreten Anforderungen nicht nur hinreichend, sondern auch behutsam deutlich gemacht werden – aufgrund der Unmittelbarkeit der Gesprächssituation können sich prüfungsbezogene Emotionen bereits weit vor der Prüfung aufbauen, (bestehende) Sprechhemmungen verstärken und zusätzlich zu einer Vergrößerung der Lücke zwischen Kompetenz und Performanz beitragen. Hier bietet es sich an, mit den Lernenden gemeinsam mögliche kommunikations- und prüfungsbezogene Strategien zu thematisieren und zu entwickeln (Henseler 2018).

Mündliche Kommunikationsprüfungen bilden als summative Form der Leistungsüberprüfung zwar das Ergebnis des Lernprozesses am Ende einer Unterrichtseinheit, aber können auch darüber hinaus positive Effekte auf das Lernen haben. Lernende sind oftmals positiv von ihrer Performanz (und ggf. ihrer Note) überrascht, u. a. auch im Vergleich zu schriftlichen Leistungen, was bedeutendes Potential für ihre Motivation und ihr Selbstkonzept birgt. Gerade in der Unterstufe können dramapädagogische Ansätze (vgl. z. B. von Blanckenburg 2017) zusammen mit Kommunikationsprüfungen den Übergang vom mündlich geprägten Englischunterricht der Grundschule erleichtern und dabei helfen, Sprechhemmungen und negative Emotionen abzubauen und Fehlertoleranz, Sprechfreude und -mut aufzubauen (vgl. z. B. Kolb 2018).

Im Sinne eines systematischen Lernprozesses ist es zudem wichtig, dass Schüler*innen ihren Leistungsstand auf Grundlage fortwährender Rückmeldungen (durch Lehrkräfte, als *Peer* oder *Self Assessment*) und konkrete Maßnahmen zur Weiterentwicklung kennen. Dazu ist eine stärkere Prozessorientierung bei der Förderung von Sprechkompetenzen sowie eine regelmäßige Einbindung von Diagnostik erforderlich. Eine Möglichkeit sind Beobachtungs- und Feedbackbögen (vgl. Henseler/Obst 2013b: 34), Sprach- oder Videoaufnahmen, mit dessen Hilfe individuelle Leistungsstände und Förderbedarfe ermittelt werden können und die Lernenden Rückmeldung zum erreichten Kompetenzstand erhalten.

## 5.1 Die unterrichtliche Kontextualisierung

Spätestens zu Beginn einer Unterrichtsreihe sollte die konkrete Ausgestaltung der abschließenden mündlichen Prüfung (ggf. zusammen mit den Lernenden) festgelegt und verbindlich kommuniziert werden, da eine langfristige Einbettung in einen unterrichtlichen Kontext und in die entsprechenden Lernziele wichtig ist. So kann sich das Vorgehen an komplexen Kompetenzaufgaben als zentralem Planungs- und Organisationsprinzip orientieren (vgl. Matz/Rogge/Rumlich 2018: 3). Auch die eigentliche Sprechprüfung kann dieser Grundstruktur folgen; sie ist dann jedoch weniger komplex und kann auch lediglich auf bestimmte Teilaspekte komplexer Sprechaufgaben fokussieren (vgl. Hallet 2012: 95), um z. B. das Anforderungsniveau zu reduzieren oder spezifische (Teil-)Fähigkeiten, Fertigkeiten und/oder Kompetenzen zu prüfen.

Für die konkrete Planung der Kommunikationsaufgabe im Kontext der Unterrichtsreihe stellt sich daher für die

Lehrkraft zu Beginn die Frage nach den unterrichtlichen Zielen, die dann später im Zentrum der Prüfung stehen: Welche konkreten Kenntnisse, Fähigkeiten, Fertigkeiten, Kompetenzen, Einstellungen und (affektiv-emotionale) Ressourcen sollen im Unterricht (weiter-)entwickelt werden und durch die mündliche Kommunikationsprüfung sichtbar und bewertbar gemacht werden?

## 5.2 Wie macht man die Prüfung und ihre Anforderungen transparent?

Für das Gelingen mündlicher Prüfungen ist es von zentraler Bedeutung, dass die Lernenden (und alle übrigen Beteiligten) möglichst genau wissen, was in der mündlichen Prüfung von ihnen erwartet und wie bewertet wird. Um die Lernenden auf das Format des monologischen Sprechens vorzubereiten, kann man beispielsweise von einem gut gelungenen Modell ausgehen (einem Modell'text', wobei der Terminus übergreifend zu verstehen ist und nicht notwendigerweise Schriftlichkeit impliziert), um dann gemeinsam mit den Lernenden Bewertungskriterien und die zugrunde liegenden sprachlichen und inhaltlichen Elemente und Strukturen sowie damit verbundenen Ziele und Anforderungen zu erarbeiten (vgl. Henseler 2018: 12).

Im Sinne des formativ-diagnostischen, lernprozessunterstützenden Assessments ist es sinnvoll, die Bewertungskriterien für beide Prüfungsteile möglichst schon früh innerhalb der Unterrichtsreihe mit den Lernenden gemeinsam zu entwickeln und schrittweise im Sinne des spiralförmigen Kompetenzaufbaus weiter zu konkretisieren. Dadurch sind die Schüler*innen schon frühzeitig über die konkreten Prüfungsanforderungen und Bewertungskriterien informiert und werden automatisch zunehmend besser mit ihnen vertraut (siehe auch Kapitel 7). Dies ermöglicht nicht nur eine zielgerichtete Vorbereitung auf die Prüfung, sondern erlaubt den Lernenden auch, ihren gegenwärtigen Leistungsstand besser einschätzen, Stärken und Verbesserungsbedarfe identifizieren und Verantwortung für das eigene (autonome) Lernen übernehmen zu können (vgl. Tesch/Nold 2017: 177).

Die Sichtbarmachung von Kompetenzen, die Gewährung von Autonomie und Mitgestaltungsmöglichkeiten sowie die Förderung des Austausches der Lernenden untereinander wirkt auch motivationsförderlich (nach der Selbstbestimmungstheorie der Motivation; vgl. Deci & Ryan 1985). Durch die Analyse von Modelltexten und die Co-Konstruktion von Bewertungskriterien lässt sich sicherstellen, dass die Lernenden nicht nur ein ausreichendes Verständnis der Prüfungsaufgaben und Bewertungskriterien entwickeln, sondern die gemeinsam erarbeiteten Kriterien auch zur Selbstevaluation/-diagnostik bzw. im Rahmen von *Peer Assessment* in verschiedensten unterrichtlichen Kontexten auch über die mündliche Prüfung hinaus nutzen und im Sinne transferfähiger Kompetenzen im besten Fall auch übertragen können (vgl. Rogge 2018).

## 5.3 Sprechhemmungen abbauen

Sucht man nach Gründen für die von der DESI-Studie aufgezeigte, verhältnismäßig geringe sprachliche Aktivität der Lernenden im Fremdsprachenunterricht (DESI-Konsortium 2006: 47 ff.), könnte noch immer nicht ausreichender Raum für mündliche Kommunikation ein wichtiger Aspekt sein. Zudem ist zu vermuten, dass die Dominanz des Schriftlichen bzw. der konzeptionellen Schriftlichkeit im Fremdsprachenunterricht (und den verwendeten Schulbüchern) einen verstärkten Fokus auf Charakteristika schriftlicher Sprache inkl. sprachliche Richtigkeit (*Accuracy*) begünstigt, während Charakteristika mündlicher Sprache, kommunikative Strategien sowie Flüssigkeit (*Fluency*), weniger berücksichtigt werden (siehe Kapitel 2).

Die Unmittelbarkeit der (sozialen) Situation sowie negative Emotionen bis hin zu Ängsten – z. B. aufgrund von Zeitdruck, Missverstehen/nicht erfolgreicher Kommunikation und (potenziellen) sprachlichen Fehlern – begünstigt Sprechhemmungen, die sich jedoch mithilfe entsprechender Kompetenzen, einer positiven Atmosphäre und Fehlerkultur reduzieren lassen. In mitteilungsbezogenen Unterrichtsphasen sollte eine produktive Fehlertoleranz herrschen, um Schüler*innen zu einem kreativen und risikobereiteren Umgang mit der Fremdsprache zu ermutigen (Henseler 2018, Matz/Rogge/Rumlich 2018: 7). Fehler sind Teil und Ausdruck des Lernprozesses und sollten daher auch ebenso mit den Schüler*innen thematisiert werden. Über die Sprachproduktion mit und ohne Fehler erhält die Lehrkraft zudem diagnostische Informationen zum individuellen Lernprozess und zum Unterricht. Gerade in Phasen der mitteilungsbezogenen Kommunikation sollte Fehlertoleranz geübt und die Schüler*innen zum Experimentieren mit der Fremdsprache ermutigt werden.

Wichtig ist hierbei, ausreichend Zeit zum Vorbereiten, Üben und Sicherheit-Gewinnen in kommunikativen Schutzräumen (ohne allzu großes Publikum, in angenehmer Umgebung/Atmosphäre, ggf. ohne direkte Beobachtung durch die Lehrkraft) zur Verfügung zu stellen (Alleinarbeitszeit, Partner*innen- oder Kleingruppenarbeit; Einsatz von kooperativ-interaktiven Methoden; Gelegenheit zum Nachdenken, für Notizen, Probehandlungen, Nutzung von *Scaffolds*, Feedback, etc.). Gerade für unsichere und schüchterne Lernende sind Zeit- und Publikumsdruck, fehlende Gelegenheit zur Vorbereitung und für Probehandlungen, das Stehen vor der Klasse und die gefühlte (bewertende) Beobachtung durch die Lehrkraft häufige Lern- und Performanzhemmnisse.

Damit sich Lernende als aktive Sprachhandelnde erleben können, bedarf es aber auch der nötigen inhaltlichen Freiräume, sodass sie eigene Entscheidungen treffen, Schwerpunkte setzen und genuine (und neue) Informationen kommunizieren bzw. erhalten können. Auch in der sprachlichen Ausgestaltung dieser Inhalte sollten die Lernenden in ihren Vorstellungen nicht unnötig eingeschränkt werden. Nur so werden sie realitätsnah zu eigenverantwortlichen und kompetenten Handelnden.

Miteinander zu sprechen kann sowohl die Flüssigkeit als auch die Automatisierung von Sprechprozessen unterstützen, indem deklaratives und sprachbezogenes Wissen in prozedurales Wissen umgewandelt werden kann (vgl. z. B. DeKeyser 2007). Um Schüler*innen mehr Gelegenheit zum Sprechen im Unterrichtsalltag zu geben, eignen sich in besonderer Weise schüler*innenaktivierende Routinen und Rituale, z. B. in Form von *Warm-Ups*. Zu diesem Zweck bieten sich Methoden an, die einen Austausch über eine Vielzahl von schüler*innenrelevanten Themen mit wechselnden Partner*innen ermöglichen. Die Lernenden profitieren auch von ihren *Peers*: Bei jedem neuen Austausch werden die Gesprächsthemen inhaltlich und sprachlich unterschiedlich bearbeitet. Gleichzeitig eröffnet es die Möglichkeit, sprachliche Versatzstücke intensiv einzuüben.

Haben sich die Lernenden zu Beginn des Fremdsprachenunterrichts erst einmal warmgesprochen und sind im fremdsprachlichen *Spirit* bzw. *Mindset*, ist dies auch eine gute Bedingung für anhaltende Sprechbereitschaft im Verlauf der Stunde. In unteren Klassen hat sich auch der rituelle Einsatz von *Let's-talk Booklets* bewährt. Dies sind von den Schüler*innen selbst erstellte Heftchen mit gemeinsam entwickelten Redemitteln für unterschiedliche Kommunikationssituationen. Die *Let's-talk Booklets* (oder auch Karteikarten) liefern den Lernenden die nötige sprachliche Unterstützung für ritualisierte Gespräche zu Stundenbeginn.

Von anfänglichen Schwierigkeiten beim Einsatz schüler*innenaktivierender Methoden sollte man sich zudem nicht entmutigen lassen. Je häufiger Schüler*inneninteraktion ermöglicht wird, umso selbstverständlicher wird sie. Natürlich müssen auch Regeln mit den Lernenden vereinbart werden, um einen störungsfreien Ablauf zu begünstigen. So kann die *12-inch Voice* (eine Stimmlautstärke, die nur ca. 12 *inch*, d. h. 30 cm, weit reicht), eine Lärmampel oder symbolische Flüster-Erinnerungen (bspw. über https://classroomscreen.com/) eingeführt bzw. eingesetzt werden, um die Klassenraumlautstärke während der simultanen Gespräche etwas zu reduzieren.

Um Sprechhemmungen abzubauen, eignen sich auch Methoden des *Digital Storytelling*. Mit Hilfe entsprechender medialer Unterstützung (z. B. über entsprechende Apps, wie *Bookcreator*, *VoiceThread*, *Sutori* oder *Stop-Motion-Video* Anwendungen) erzählen die Lernenden multimodale Geschichten in Form eines Videos oder einer Sammlung von Fotos und Bildern sowie einer begleitenden Tonspur. Neben der Förderung von Aussprache, Wortschatz und Grammatik trägt *Digital Storytelling* somit auch zur Entwicklung komplexerer monologischer Sprechkompetenzen bei. Für die visuelle Gestaltung können die Lernenden dazu auf unterschiedlichste visuelle Medien zurückgreifen, wodurch vielfältige Sprechanlässe entstehen. Der Sprechtext wird dabei durch entsprechende Skripte vorstrukturiert und kann auf unterschiedliche Weise (z. B. als *Voice-Over*, als Text-Screen, durch Sprechblasen oder Untertitel) in die visuelle Erzählung eingebunden werden. Damit können Sprechhemmungen abgebaut und zugleich mündliche Kompetenzen systematisch weiterentwickelt werden. Dazu lassen sich komplexe Handlungssituationen generieren, durch die Lernende angeregt werden, sich zielsprachig zu äußern, wobei das Hauptaugenmerk auf der inhaltsbezogenen Kommunikation und ggf. Flüssigkeit und nicht allzu sehr auf sprachlicher Richtigkeit der Äußerungen liegt.

Eine weitere Möglichkeit der Generierung lebensweltlich bedeutsamer Sprechsituationen besteht in der Berücksichtigung dramenpädagogischer Ansätze, bei denen die Lernenden in einem konkreten und lebensweltlich bedeutsamen Kontext neue Sprechhandlungen erproben und szenisch darstellen (Ellis 2015; von Blanckenburg 2017). Durch dramenpädagogische Ansätze lassen sich bestehende Sprechhemmungen der Schüler*innen schrittweise abbauen, durch Übernahme einer neuen Identität für die Schüler*innen bedeutsamen Kommunikationssituationen erproben und in der Reflexion gemeinsam mit anderen über die Ausgestaltung von Rollen diskutieren (vgl. Ellis 2015: 93). Im sogenannten *Sprachendorf* (vgl. Bastkowki et al. 2017) können die Lernenden Alltagskommunikation in kurzen Standardsituationen erproben und konkrete Aufgaben bzw. Probleme (z. B. am Bahnhof eine Fahrkarte kaufen) mit Hilfe der

Fremdsprache lösen. Darüber hinaus kann non-verbale Kommunikation (Gestik, Mimik, Proxemik, Körperhaltung) der Sprechenden und Zuhörenden explizit einbezogen und reflektiert werden. Sie kann dabei als *Cue* für die eigene Sprechhandlung genutzt werden und es können Sprechstrategien für den Umgang mit non-verbalen *Cues* erarbeitet und eingeübt werden (z. B. eine Rückfrage als Reaktion auf die non-verbale Signalisierung von akustischem Nicht-Verstehen, Nicht-Zuhören oder Missbilligung/Ablehnung).

## 5.4 Anforderungen und Herausforderungen erkennen, Unterstützung anbieten

Bei der Konzeption von Sprechaufgaben müssen sich Lehrende im Klaren sein, welche Anforderungen (*Task Demand*) die Aufgabe an ihre Lernenden stellt. Nur so kann man ermessen, welche (potenziellen) Herausforderungen auftreten werden und welche Unterstützungsangebote (*Task Support/Scaffolding*) notwendig und sinnvoll sind.

> Speaking activities, because they are so demanding, require careful and plentiful support of various types, not just support for understanding, but also support for production. (Cameron 2001: 41)

Small Talk stellt z. B. folgende Anforderungen:

- (zu Unbekannten) Kontakt aufbauen, Offenheit signalisieren,
- ein Gespräch aufrechterhalten (u. a. Gesprächspausen aushalten, überbrücken),
- die Äußerungen des*der Partner*in verstehen und darauf (empathisch) reagieren bzw. auf den*die Gesprächspart-

ner*in eingehen, die Äußerungen des Gegenübers ergänzen, bekräftigen,
- bei Verständnisschwierigkeiten nachfragen,
- Meinungen, Gefühle ausdrücken und begründen,
- ein Thema weiterentwickeln,
- sich spontan, flüssig und flexibel äußern,
- Gesprächsbeiträge verteilen (*Turn-Taking*),
- ein Gespräch freundlich beenden.

Sind die Anforderungen bekannt und die zu erwartenden Herausforderungen davon abgeleitet, können (zum Teil ohne großen Aufwand) Unterstützungsangebote eruiert werden. Sie bestehen z. B. darin, das Vorwissen der Lernenden aus dem Alltag (Weltwissen) oder ihren Erstsprachen oder Fremdsprachen zu Inhalt, Sprache, Methoden/Strategien zu aktivieren. Aber auch schon eine Anleitung oder Anregungen zur Bewältigung der Aufgabe, Zeit und Aufforderung zur Planung, die Anregung zum Nachdenken über bzw. das Antizipieren von Herausforderungen und möglicher Handlungsoptionen, die Verdeutlichung des Lerngeschehens oder des erwarteten Produkts (z. B. durch einen *Advance Organizer*) kann als *Scaffolding* betrachtet werden. Des Weiteren bieten sich kooperative Lernformen an, um den Austausch mit und die Unterstützung durch Lernpartner*innen zu ermöglichen (vgl. Möller 2009: 42 f.; Müller-Hartmann/Schocker 2011: 2–9).

Für Lernende gehört die Diskrepanz zwischen der Kommunikationsabsicht und dem fremdsprachlich Realisierbaren zu den Grunderfahrungen im schulischen Fremdsprachenunterricht. Daher muss durch vielfältige Übungsangebote die Chance zur Automatisierung und der Rückgriff auf Strategien erfolgen, um die kommunikativen Absichten möglichst erfolgreich (und dabei auch kultursensibel und flüssig) realisieren zu können. Es bietet sich hierzu auch an, noch nicht vollständig automatisierte *Chunks,* Strategien und Genrestrukturen/-charakteristika in visualisierter Form (z. B. als Plakat) für die Lernenden permanent verfügbar zu machen.

Für die Automatisierung von Sprechhandlungen und damit eine Flüssigkeit des Gesprächsverlaufs ist die Kenntnis generischer Formen bzw. kognitiver Schemata von besonderer Bedeutung. Über den sog. *Teaching-Learning Cycle* (vgl. Hallet 2016: 104) werden die Lernenden im Unterricht systematisch auf die generischen Strukturen vorbereitet, indem sie sich erst mit dem situativen, kulturellen und sozialen Kontext von Äußerungen auseinandersetzen (*Building the Context*), anschließend anhand von Modelltexten generische Strukturen erarbeiten (*Modelling and Deconstructing*), bevor sie dann zunächst gemeinsam (*Joint Construction*) und schließlich auch eigenständig (*Independent Construction*) die genrespezifischen Merkmale der Textverwendung auf die eigene Sprachproduktion anwenden. So wird gewährleistet, dass die Schüler*innen sprachlich-kulturelle Handlungen verstehen und eigene Beiträge situations- und kontextangemessen planen und produzieren können. Der Rückgriff auf bereits erworbene kulturelle Schemata ermöglicht dadurch zugleich Vorentlastung und Routine, wodurch die Lernenden Gelegenheit erhalten, sich stärker auf die Inhalte der Interaktion zu konzentrieren.

Nach diesem ausführlichen Blick auf die Kommunikationsprüfung selbst geht es nun in Teil III um ihre Bewertung.

**Aufgabe:**

Stellen Sie sich vor, Sie seien am Anfang eines neuen Schuljahres. Die mündliche Kommunikationsprüfung ist für das Ende des ersten Halbjahres geplant. Fertigen Sie eine Zeitleiste an, in der Sie für Ihre Planung festhalten, was in der inhaltlichen Vorbereitung auf die Prüfung im Verlaufe des Halbjahres beachtet werden sollte.

# Teil III: Erfassung und Bewertung von Prüfungsleistungen

In den vorangegangenen Kapiteln wurde thematisiert

1. was mündliche Kommunikationsprüfungen erfassen sollen (Mündlichkeitskompetenz, die sich in die Bereiche Sprechen, [Zu-]Hören und Sehen/Wahrnehmen untergliedern lässt),
2. was Sprechen und Sprechkompetenz ausmacht (inkl. Charakteristika gesprochener Sprache und Formen mündlicher Kommunikation),
3. was mündliche Kommunikationsprüfungen ausmacht (Inhalts-, Aufgaben- und Mündlichkeits[kompetenz]-orientierung, Interaktion und Co-Konstruktion, trans- und interaktionale Genres, Progression),
4. wie man mündliche Kommunikationsprüfungen unterrichtlich vorbereitet (Kontextualisierung, Transparenz von Prüfung und Anforderungen, Abbau von Sprechhemmungen, Erkennen von Herausforderungen und Anbieten von Unterstützung/*scaffolding*).

Das aktuelle Kapitel fokussiert sich nun auf die Erfassung und Bewertung/Beurteilung von Schüler*innenleistung in mündlichen Kommunikationsprüfungen. Die damit verbundenen Unterrichtsvorhaben haben einen starken Prozesscharakter und sind ein wichtiger Aspekt aller sechs Phasen eines Unterrichtsvorhabens, das in eine mündlichen Kommunikationsprüfung mündet:

| Phase des Unterrichts-vorhabens | Beispielhafte erfassungs- bzw. bewertungsrelevante Aspekte |
|---|---|
| 1. Planung des Unterrichtsvorhabens & Grobplanung der Prüfung | • Festlegung & Kommunikation/Transparenz der Kompetenzziele & des passenden Genres (inkl. Ausblick, wie die Prüfung ungefähr aussieht) |
| 2. Unterrichtliche Anbahnung | • Gemeinsame Erarbeitung der Bewertungskriterien/des Bewertungsrasters |
| 3. Vorbereitung und Feinplanung der Prüfung | • Festlegung d. Prüfungsaufgaben, -kontexte & -materialien<br>• Finalisierung des Bewertungsrasters auf Basis der Prüfungsanforderungen<br>• ggf. unterrichtliche Vorbereitung monologischer oder dialogischer Prüfungsteile |
| 4. Durchführung der Prüfung | • Moderation (Anfang, Übergang), Hilfe/Intervention<br>• Wahrnehmung & Dokumentation der Performanz |
| 5. Bewertung | • Eigenständige Evaluation der Wahrnehmung/Performanzdokumentation<br>• Austausch mit anderen Prüfenden/Beisitzenden<br>• Festlegung: Note, Erklärung, Feedback |
| 6. Feedback, Nachbereitung & Weiterarbeit | • Kommunikation: Note & Erklärung, Feedback (inkl. Maßnahmen zur Verbesserung, inkl. Selbstkonzept) |

Tabelle 6: Phasen eines Unterrichtsvorhabens und wie sie mit der Erfassung/Bewertung von Leistung verbunden sind.

Viele bewertungsrelevante und -unterstützende Aspekte der Phasen 1–3 wurden in den vorangehenden Kapiteln bereits angesprochen. Daher liegt der Fokus in diesem Teil nun auf der zu Grunde liegenden Basis für die Einordnung dieser Aspekte in den Gesamtzusammenhang und anschließend auf den bislang wenig erläuterten Phasen 4–6.

Die Bewertung mündlicher Prüfungen im Allgemeinen stellt bereits ein hochkomplexes Feld dar. Zudem ist die mündliche fremdsprachige Kommunikationsprüfungen in der Sekundarstufe eine – auf breiter Basis erst vor Kurzem eingeführte – Besonderheit, die bislang wenig erforscht und thematisiert wurde. Gleichzeitig ist dieses Buch als kompakte erste Einführung in die Gesamtthematik der mündlichen Kommunikationsprüfungen angelegt. Deswegen ist dieser Teil (noch mehr als die vorangegangenen) auf eine starke Selektion und Reduktion angewiesen. Aus diesem Grund skizziert Kapitel 6 zunächst ein Spektrum besonders relevanter Aspekte für die Bewertung mündlicher Prüfungsleistungen im Allgemeinen, bevor Kapitel 7 näher auf Form und Inhalt der Bewertung mündlicher fremdsprachiger Kommunikationsprüfungen (mit dem Bewertungsraster als Herzstück) eingeht.

# 6 Was sind die Grundlagen der Erfassung und Bewertung mündlicher Prüfungsleistungen?

Wenn es um die Grundlagen für die Erfassung und Bewertung von Leistungen geht, denken viele zuerst an die klassischen Testgütekriterien (Objektivität, Reliabilität, Validität). Zwar spielen sie als qualitative Orientierungshilfe zur fortwährenden Optimierung bzw. Professionalisierung eine wichtige Rolle (Kap. 6.2–6.4) – insbesondere auch im Hinblick auf potenzielle Beeinflussungen bzw. Verzerrungen von Erfassungs- und Bewertungsprozessen. Die darauf aufbauenden Überlegungen, die sich im Großteil der einschlägigen bildungswissenschaftlich-fachdidaktischen Literatur zu mündlichen Prüfungen finden, starten damit jedoch einen Schritt zu nah an der Prüfung selbst. Wichtig ist zunächst, einen Schritt zurückzutreten und das ‚große Ganze' in den Blick zu nehmen: Dieses umfasst neben den bereits diskutierten Zielen und Prozessen vor allem auch die grundlegenden rechtlichen Rahmenbedingungen (Kap. 6.1), unter denen die Vorbereitung, Durchführung und Bewertung mündlicher Kommunikationsprüfungen stattfinden. Sie sollten die (häufig wenig beachtete) Basis des Lehrkrafthandelns darstellen, um rechtlichen Beanstandungen vorzubeugen und mündliche Prüfungen rechtssicher durchzuführen. Zudem ergeben sich bei genauerer Betrachtung vielgestaltige Überschneidungen und Synergien mit den Testgütekriterien.

## 6.1 Grundlegende rechtliche Aspekte

Prüfungen bzw. daraus folgende Bewertungen – einzeln oder in Kombination – können gravierende Folgen für die Schüler*innen haben. So kann zum Beispiel im Falle einer Nichtversetzung oder Nichterteilung eines Abschlusses als Resultat der Benotung das Grundrecht auf Berufswahlfreiheit (Art. 12 GG) eingeschränkt sein; aber auch in weniger schwerwiegenden Fällen können Noten Studienzulassungen, den Erhalt eines (gewünschten) Ausbildungsplatzes und/oder Einladungen zu Bewerbungsgesprächen beeinflussen und damit Art. 12 GG berühren.

Daher gehen mit Prüfungen potenziell Eingriffe in Grundrechte einher, die stets nur auf Basis einer rechtlichen Ermächtigung, d. h. Gesetze und Verordnungen, zulässig sind. Solche Eingriffe (bspw. in Form von Prüfungen) sind dabei streng geregelt[1] und müssen so gestaltet sein, dass eine nachträgliche (anwaltliche, kollegiale, behördliche und/oder gerichtliche) Überprüfung bzw. Rekonstruktion des flüchtigen Geschehens und der wesentlichen Entscheidungen (mindestens in Grundzügen) im Rahmen potenzieller Rechtswege stattfinden kann. Dies soll bei der Durchfüh-

1 Je gewichtiger die Bewertungsentscheidung bzw. je gravierender die Folge, d. h. je mehr es sich um *High-Stakes* Assessments handelt, desto genauer ist die Reglementierung. Daher sind z. B. Klassenarbeiten/Klausuren und mündliche (Kommunikations-) Prüfungen als Ersatz strenger reglementiert als die regelmäßige Bewertung der sonstigen Mitarbeit (aufgrund des geringeren Gewichts bzw. der vorhandenen Ausgleichsmöglichkeit). Gleichwohl muss auch bei der Bewertung der sonstigen Mitarbeit eine Dokumentation erfolgen, um Transparenz und eine nachträgliche Aufklärungsmöglichkeit zu schaffen sowie Willkürfreiheit zu demonstrieren.

rung der mündlichen Prüfung z. B. durch ein Vier-Augen-Prinzip/Zeug*innen, feste Bewertungskriterien/-schemata, Protokolle und Notizen in bestmöglichem Maße erreicht werden, ohne dabei jedoch eine natürlich-realistische, performanzförderliche Prüfungs- bzw. Gesprächssituation allzu stark zu beeinträchtigen. Daher sind Audio- und Videoaufzeichnungen von Prüfungen nicht vorgesehen bzw. in der Regel sogar unzulässig.

Gleichzeitig ist neben den rechtlichen Vorschriften für die jeweilige Prüfung auch auf die Einhaltung aller anderen Rechte zu achten; hier wird insbesondere Art. 3 GG regelmäßig berührt, aus dem sich der allgemeine Gleichbehandlungsgrundsatz (Abs. 1) und das Benachteiligungsverbot (Abs. 3) ergeben. Daraus leitet sich sowohl ein Willkürverbot ab als auch die Leitlinie, dass wesensgleiche Dinge auch gleichbehandelt werden müssen bzw. es für Ungleichbehandlungen sachliche Gründe geben muss (z. B. dies kann ein zu gewährender, vorher festgelegter Nachteilsausgleich für eine Beeinträchtigung oder auch die Variation von Prüfungsfragen sein, damit nachfolgende Prüflinge keinen unrechtmäßigen Vorteil durch die Kenntnis der Fragen haben bzw. sich verschaffen können).

Um den vorgenannten Ansprüchen zu genügen, sind auch Anforderungen an Transparenz, Nachvollziehbarkeit und Willkürkontrolle zu erfüllen. Dazu kann die Lehrkraft z. B. durch eine frühzeitige Planung und unterrichtliche Anbahnung, transparente Dokumentation (vor, während und nach der Prüfung, z. B. mithilfe von Bewertungsrastern, Erwartungshorizonten und Notenbegründungen) und klare Kommunikation mit allen Beteiligten (Schüler*innen, Eltern, Mitprüfenden/Beisitzenden) beitragen. Gleichzeitig ist die Einschätzung von Transparenz und Nachvollziehbarkeit aber auch stark an individuelle Perspektiven, Erfahrungen und Empfindungen gebunden, für die Vertrauen oder guter bzw. böser Anschein ebenfalls eine wichtige Rolle spielen (und mitunter ausschlaggebend für oder gegen das Einlegen von Rechtsmitteln sind). Hier wird die enge Verzahnung organisatorischer, pädagogischer, psychologisch-emotionaler und rechtlicher Aspekte ersichtlich und warum Vorbereitung, unterrichtliche Anbahnung und gute Kommunikation so wichtig sind.

Aus dieser (grundgesetzlichen) Perspektive leuchtet es ein, dass die entsprechenden Gesetze und Verordnungen einerseits einen Rahmen für rechtssicheres Prüfen im individuellen, aber auch gesellschaftlich-gemeinwohlorientierten Sinne schaffen sollen.[2] Andererseits bedeutet es in der Praxis auch, dass das Prüfungsrecht vor allem den (Grund-)Rechtsschutz der Prüflinge im Sinn hat, da diese in einer verhältnismäßig schwachen Position sind.

Zusammenfassend lässt sich vor dem Hintergrund der Rechtslage sagen, dass Prüflinge ein Anrecht auf eine korrekte, d. h. sachgemäße, willkürfreie, faire und den weiteren rechtlichen Vorgaben entsprechende, transparent-nachvollziehbare Erfassung und Bewertung ihrer Leistung haben; Gerechtigkeit (Dlaska/Krekeler 2009: 44 ff.) wird häufig zusammenfassend als zentrales Kriterium genannt. Die Ausführungen des nachfolgenden Kapitels verdeutlichen dabei, dass die drei klassischen Testgütekriterien die prüfenden Lehrkräfte sowohl unterstützen, den rechtlichen Vorgaben und Ansprüchen Genüge tun,

2 Rechtliche Vorgaben können auch einen pädagogischen Beurteilungsspielraum vorsehen (vgl. MKJS BW 2020).

als auch eine wichtige qualitative Orientierungshilfe im pädagogisch-prüfungsbezogenen Sinn bieten.

## 6.2 Die drei klassischen Testgütekriterien als qualitative (und rechtliche) Orientierungshilfe

Die drei klassischen Gütekriterien der Leistungsmessung und -beurteilung, die auch in der empirischen Forschung Anwendung finden, lauten (vgl. Döring/Bortz 2016):

1. **Objektivität**: Das Ausmaß der Intersubjektivität im Sinne der Unabhängigkeit des Erfassten bzw. Urteils von beteiligten Personen (außer der zu Prüfenden).
2. **Reliabilität**: Das Ausmaß der Genauigkeit und Fehlerfreiheit des Erfassten bzw. Urteils insgesamt.
3. **Validität**: Das Ausmaß, in dem das zu Erfassende/Beurteilende auch tatsächlich erfasst/beurteilt wird.

Es ist jedoch zu beachten, dass diese Kriterien gleichzeitig auch Teilmengen voneinander sind: Mangelnde Objektivität führt zu einem Fehlereintrag, der automatisch die Reliabilität (Fehlerfreiheit) beeinträchtigt und so auch auf die Validität durchschlägt, weil er zusätzlich und/oder anstelle zum Erfassenden/Beurteilenden erhoben wird und häufig nicht mehr davon zu trennen ist. Die Abgrenzung von Objektivität (v. a. Einflüsse der Prüfungsdurchführenden) und Reliabilität (v. a. Einflüsse der Prüfungssituation wie Aufgaben, Materialien, Prüflinge, physische Umwelt, ggf. Bewertungstools) ist oft ebenso schwierig: Ist die Leistung eines Prüflings aufgrund von einer nicht verstandenen Frage der Prüfenden eine Beeinträchtigung der Objektivität bzw. der Reliabilität? Oder doch ein Spiegel der (mangelnden) Kompetenz des Prüflings und damit kein verzerrender Einfluss? Dies ist in der Praxis häufig nicht leicht zu klären; hier wären eine Wiederholung oder eine Umformulierung der Frage oder das Stellen ähnlicher Fragen mögliche Optionen. Die genaue Unterscheidung der drei Gütekriterien ist praktisch oft weniger relevant und vor allem hilfreich für multiperspektivische Zugänge sowie bei der Planung, Steuerung, Evaluation und Reflexion von Leistungsmessung und -beurteilung zur kontinuierlichen Professionalisierung.

Aufgrund ihrer hohen Professionalisierungsrelevanz soll aus theoretischer und praktischer Sicht beispielhaft auf die einzelnen Gütekriterien eingegangen werden.

**Validität**

Mündliche Kommunikationsprüfungen sind untrennbar mit der jeweiligen Unterrichtsreihe verbunden und sollen die dadurch entwickelten Kompetenzen prüfen; gleichzeitig bauen neue Kompetenzen auf vorhandenen auf. Das heißt, es werden niemals nur neu entwickelte, sondern auch immer bereits vorhandene fachlich-inhaltliche, sprachliche sowie methodisch-strategische Kompetenzen mitgeprüft. Für Lehrkräfte bedeutet dies, für die Förderung von Validität der Kompetenzerfassung und des -urteils permanent zu hinterfragen,

- welche Kompetenzen die Unterrichtsreihe entwickelt (hat) und was vorausgesetzt wird/wurde (geplante bzw. erreichte Unterrichtsziele),
- welche Kompetenzen geprüft werden sollen (Prüfungsziel) und welche Aufgaben nötig sind, um diese Kompetenzen sichtbar und erfassbar zu machen,
- ob die entwickelten Aufgaben tatsächlich sowohl zu den Unterrichts- als auch den Prüfungszielen passen (Per-

spektive der Aufgaben: Welche Kompetenzen benötigt man, um sie zu bewältigen?),
- wie/in welchen Qualitätsabstufungen im gegebenen Kontext eine Aufgabenbewältigung durch Prüflinge aussehen kann (Perspektive des Bewertungsrasters, Antizipation der möglichen/gewünschten Performanz und ihrer Bewertung).

### Reliabilität

Um die Reflexion über die vielfältigen potenziellen Beeinflussungen von Reliabilität zu systematisieren, kann man die verschiedenen Phasen des Prüfungsvorganges nutzen:

- **Vorbereitung/Konzeption**: Hier erwachsen Probleme z. B. aus Aufgabenstellungen, Inhalten, Anforderungen und Erwartungen, die Prüflingen nicht ausreichend klar sind und ihre Performanz beeinträchtigen – ebenso wie damit zusammenhängende negative Emotionen. Zur Vermeidung sind die unterrichtliche Einbettung und die Förderung positiver Emotionen zentral. Es ist zudem empfehlenswert, sich innerhalb der Fachschaft über Aufgaben(formate), Bewertungskriterien etc. zu verständigen und Prüfungen mit anderen Prüfenden zu konzipieren.
- **Durchführung**: Hier sind unerwartete Ereignisse und Probleme sowie die Notwendigkeit spontaner Lösungen unter Zeitdruck eine Herausforderung. Prüflingsseitig sind hier u. a. Einflüsse der eigenen/anderen Performanz, Nichtverstehen/-wissen, Blackout/Unsicherheiten/Nervosität, starke Emotionen wie Ängste oder Abneigungen gegen Prüfungsbeteiligte zu nennen. Sie können die Performanz negativ beeinflussen, wodurch sie sich von

der tatsächlichen/der zu erfassenden Kompetenz des Prüflings entfernt. Hier ist zunächst Vermeidung (durch Vorbereitung, Besprechung, Übung, angenehme sowie störungs- und ablenkungsarme Prüfungssituation) die beste Strategie; ansonsten sollte so schnell wie möglich eine beeinträchtigungsarme Lösung gefunden werden.

- **Aus-/Bewertung (& Feedback)**: Das Ziel ist eine korrekte, d. h. sachgemäße, willkürfreie, faire und den weiteren rechtlichen Vorgaben entsprechende, transparent-nachvollziehbare Bewertung (siehe Kap. 7.1). Hier ist die Qualität des Bewertungsrasters und der Dokumentation während der Prüfung für eine korrekte Bewertung und das Feedback essenziell. Um nicht nur auf eine prüfungs-, sondern auch klassen-/kursübergreifende Vergleichbarkeit und Gerechtigkeit hinzuarbeiten, ist eine gemeinsame Konzeption und fortwährende Verbesserung des Bewertungsrasters sinnvoll. Die wichtigste Voraussetzung für eine korrekte Bewertung ist jedoch die Leistungserfassung im Rahmen der Prüfungsdurchführung, bei der Prüflinge ihre vorhandene Kompetenz idealerweise vollständig in Performanz umsetzen konnten und dies entsprechend dokumentiert wurde. Im *worst case* summieren sich hier die Fehlereinträge der vorangegangenen Phasen und eine korrekte Kompetenzbewertung wird mindestens erschwert, wenn nicht unmöglich; dies unterstreicht erneut die Bedeutung einer guten Vorbereitung und Durchführung mündlicher Prüfungen. Wenn Fehler passieren, sollten Prüfende versuchen, ihren Einfluss auf die Leistung indikatorgestützt abzuschätzen und sie angemessen bei der Bewertung zu berücksichtigen (und reflektieren, wie sie Fehler zukünftig vermeiden oder bereits in der Durchführung erkennen und ihnen begegnen). Nicht alle Fehler sind im Nachhinein heilbar, woraus ein Anrecht auf Prüfungswiederholung erwachsen kann.

### Objektivität

Da die Erfassung der Kompetenzen in mündlichen Prüfungen weniger standardisiert erfolgt, Prüfende stärker und unmittelbarer involviert sind und mehr direkte (ggf. unumkehrbare negative) Einflüsse ausüben als im Schriftlichen, kommt dem Ausmaß der Objektivität eine herausgehobene Bedeutung zu: Inwiefern andere Prüfende zu den gleichen Ergebnissen im Hinblick auf die Kompetenzerfassung und die Bewertung kämen, beeinflusst maßgeblich, inwiefern es sich um eine korrekte, d. h. sachgemäße, willkürfreie, faire und den weiteren rechtlichen Vorgaben entsprechende, transparent-nachvollziehbare Erfassung und Bewertung der Leistung handelt.

Es erfolgt klassischerweise eine Einteilung in Durchführungs-, Auswertungs- und Interpretationsobjektivität (Döring/Bortz 2016: 443), wobei auch die Vorbereitung (siehe Reliabilität) wichtige Rahmenbedingungen schafft. Um Objektivitätspotentiale zu identifizieren und zu nutzen, kann ein Vergleich zu einer Klausur helfen.

- **Durchführung**: Einhaltung von Formalia (z. B. die Dauer) und getroffener Absprachen, einheitliche Prüfungsbedingungen und -situationen (Ablaufschema, ähnliche Begrüßung/Moderation, vergleichbare Hilfestellungen), konsequente Dokumentation der Leistung sowie aller potenziell relevanten Vorkommnisse (originalgetreu und beschreibend, nicht beurteilend), mehrere Lehrkräfte (Vier- bzw. Sechs-Augen-Prinzip)

- **Auswertung**: individuelle sachorientierte Bepunktung der Dokumentation anhand der Elemente des Bewertungsrasters/Erwartungshorizontes sowie Einordnung im Verhältnis zu anderen Prüflingen, anschließend (ggf. diskursiver) Austausch zwischen Prüfenden/Beisitzenden (das Mitteln unabhängiger Einzelurteile ist häufig eine gute Option)
- **Interpretation**: zunächst individuelle, dann gemeinsame wertend-gewichtende Beurteilung zum Zweck der Notenfindung und -begründung, Berücksichtigung verschiedener Anforderungsbereiche, Einordnung im Verhältnis zu anderen Prüfungen, keine sachfremden Erwägungen (Performanz im Unterricht/anderen Prüfungen, Persönlichkeit o. Ä.)

Trotz der allgemeinen Relevanz der Gütekriterien sind sie auch nicht unproblematisch: So merkt Grünewald (2014: 61) einschränkend an, dass die Gütekriterien von Lehrkräften „unter den gegebenen institutionellen Rahmenbedingungen kaum umzusetzen sind", da ihre Sicherstellung sehr voraussetzungsreich und ressourcenintensiv ist. Aber auch die Vielzahl von Prüfungsvorgängen und der (nicht nur damit verbundene) hohe Arbeitsaufwand sind eine Herausforderung. Das schränkt jedoch weder die grundlegende Bedeutung der Gütekriterien für die Qualität, Rechtssicherheit sowie fortwährende Weiterentwicklung und Professionalisierung von Prüfungen ein, noch bedeutet es, dass sie dafür stets vollumfänglich erfüllt sein müssen. Vielmehr ist hier der Weg im Sinne des kontinuierlichen Strebens nach ihrer Umsetzung bzw. der Orientierung daran das Ziel.

Im nächsten Kapitel soll es mit potenziellen Einflüssen auf Leistungserfassung und -bewertung insbesondere um

„menschliche Gefahren“ für die Erfüllung der Testgütekriterien (v. a. Objektivität und Reliabilität) gehen.

## 6.3 Potenzielle Einflüsse auf Leistungserfassung und -bewertung

Aufgrund der Vielzahl potenzieller menschlicher Einflüsse ist hier nur eine grobe Skizzierung und erste Sensibilisierung möglich. Dies ist jedoch ein wichtiger Schritt auf dem Weg zu einer korrekten, d. h. sachgemäßen, willkürfreien, fairen und den weiteren rechtlichen Vorgaben entsprechenden, transparent-nachvollziehbaren Leistungserfassung und -bewertung. Eine der grundlegenden Herausforderung dafür ist, dass menschliche Sinneseindrücke/Wahrnehmungen als Basis der Leistungserfassung und -dokumentation in mündlichen Prüfungen nicht neutral entstehen, sondern vom Gehirn (basierend auf Erfahrungen, Wissen, Emotionen, Hormonen, psychischem und physischem Zustand, Aufmerksamkeitssteuerung, Persönlichkeit etc.) direkt beeinflusst werden (können). Dies kann u. a. Veränderungen, blinde Flecken, Lücken etc. verursachen. Zudem ist der Umgang des Gehirns mit den Wahrnehmungen vorrangig auswertend-interpretativ und führt vor dem Hintergrund der geschilderten Gemengelage unter Umständen zu verschiedenen Wahrnehmungen bzw. Interpretationen des gleichen Geschehens.

Die Funktionsweise des Gehirns samt unserer Natur als sozialem Wesen begünstigt so eine ganze Reihe von Beeinflussungen unserer Wahrnehmung und ihrer Interpretation, die dem eingangs genannten Ziel zuwider laufen und Leistungserfassung und -bewertung verzerren (können), z. B.:

- *Erwartungseffekte*: durch viel/wenig Unterrichtsbeteiligung, Vorinformationen etc. wird gute/schlechte Leistung erwartet und folglich so ‚gesehen', 
- *Halo-/Horns-Effekt*: Positiver/negativer (allgemeiner) Eindruck wird auf Teilkompetenzen übertragen,
- *Kontext-/Positionseffekte*: Leistungen werden je nach Vorleistung anders eingeschätzt (so werden z. B. mittelmäßige Leistungen nach einer schlechten Vorleistung besser eingeschätzt),
- *Perseverationstendenz*: Neigung, an einem einmal gefällten Urteil festzuhalten, auch in Zukunft,
- *Strenge-/Mildefehler*: Kleine Fehler überhöhen zur Überdeckung eigener Unsicherheiten/Betonung eigener Kompetenz vs. kleine Fehler herunterspielen aus Bequemlichkeit, persönlicher Verbundenheit/Ähnlichkeit, Sorge Prüflingen zu schaden oder vor schlechtem Ruf/Aufdeckung schlechter Vorbereitung (für Details siehe Jürgens 2010).

Da die Mechanismen des Gehirns und die geschilderten Phänomene aus der Funktionsweise des Gehirns resultieren, sind sie un(ter)bewusst und nur schwer steuer- bzw. beeinflussbar. Es müssen daher aktiv Maßnahmen ergriffen werden, um ihren Einfluss zu reduzieren. Zu diesen zählen:

- die Trennung der Leistungserfassung/-dokumentation von -bewertung/-interpretation; Möglichkeit eines Abgleichs/Diskurses durch Mehraugen-Prinzip
- transparente Leistungserwartungen und beispielhafte Umsetzung auf verschiedenen Niveaus formulieren, um Performanzen besser einordnen zu können
- ein klares Bewertungsraster zur Steuerung der Aufmerksamkeit bei der Leistungserfassung und zur kriterienge-

leiteten, sachlichen Bewertung (keine Globalurteile, keine Weitergabe von Vorinformationen)

- die regelmäßige Durchmischung der Prüfungsteams, Etablierung einer Feedbackkultur, Offenheit für/Interesse an Weiterentwicklung und Professionalisierung.

## 6.4 Weitere wichtige Aspekte

Abschließend sollen kurz die Thematik des Bewertungsspielraumes sowie die Zusammenarbeit der Bewertenden als weitere wichtige Aspekte bei der Erfassung und Bewertung von Leistungen in mündlichen Kommunikationsprüfungen angesprochen werden. In Rückgriff auf 6.1 ist es dabei wichtig, dass das Prüflingsanrecht auf eine korrekte Leistungserfassung und -bewertung nicht bedeutet, dass es keinen Bewertungsspielraum gäbe. Es bedeutet vielmehr, dass Prüfende – wie zuvor erläuternd formuliert – bei der Nutzung des Bewertungsspielraumes sachgemäß, willkürfrei, fair (bzw. vergleichbar/gerecht), den weiteren rechtlichen Vorgaben entsprechend, transparent und nachvollziehbar vorgehen müssen. Dies gilt auch für den Fall, dass gesetzlich pädagogische Spielräume bei der Leistungsbewertung explizit vorgesehen sind. Davon zu unterscheiden sind die Leistungsrückmeldung und die Perspektiven für die Weiterarbeit, die grundsätzlich immer (auch) unter pädagogischen Gesichtspunkten gegeben werden.[3]

3 So wäre es pädagogisch weniger sinnvoll, den Erfolg in einer Prüfung auf Glück, Talent oder einzig auf das Vorwissen zurückzuführen, da dies eine Reduktion der Lernaktivitäten und ein Ausruhen mit potentiellem Leistungsrückgang begünstigen könnte.

Die Anwesenheit einer weiteren bewertenden Person zur Umsetzung des Mehr-Augen-Prinzips in mündlichen Kommunikationsprüfungen trägt den Eigenheiten menschlicher Wahrnehmung und der Flüchtigkeit des Prüfungsgeschehens angesichts mannigfaltiger zeitgleich oder in kurzer zeitlicher Abfolge zu erledigender Aufgaben Rechnung (wie z. B. Moderation, Intervention, Leisten von Hilfestellung, Dokumentation der Leistung sowie aller potenziell relevanten Vorkommnisse). Gleichzeitig fühlen sich Prüflinge weniger der einzelnen Lehrkraft ausgeliefert und daher potenziell gerechter beurteilt; auch objektiv steigt die Chance auf eine kontextübergreifend vergleichbarere Bewertung, wenn mehr Personen involviert sind, da sie ausgleichend wirken (können). Um diese Chance gut zu nutzen, ist es empfehlenswert, dass

- Lehrkräfte sich im Rahmen der Fachschaftsarbeit oder in anderen Teams zu Prüfungen austauschen, sie gemeinsam konzipieren und auch videographierte mündliche Kommunikationsprüfungen zu Trainingszwecken mit neuen, aber auch erfahrenen Kolleg*innen besprechen (auch um ggf. nach einer gemeinsamen Evaluation Bewertungskriterien anzupassen).
- Prüfungsbeteiligte sich über Regeln verständigen, die sie einhalten wollen: So kann man festlegen, dass grundsätzlich keine Vorinformationen über Prüflinge ausgetauscht werden, um die wertvolle ‚Neutralität' der anderen Lehrkräfte zu erhalten und dieser Person den ersten Aufschlag bei der Besprechung zu überlassen. Auch kann es hilfreich sein, dass die Prüfungsbeteiligten sich vor der individuellen Bewertung und Interpretation (und vor einem Austausch darüber) zunächst überlegen,

was in der Prüfung ‚schiefgelaufen' (aber nicht in der Verantwortung des Prüflings) ist und ob/wie ein Ausgleich zu schaffen ist. Zudem sollten sie unabhängig voneinander eine Note notieren, um das Setzen eines allzu widerstandsfähigen Gesprächsankers zu vermeiden.

**Aufgabe:**

Machen Sie sich eine Liste, wie Sie ungewollte Einflüsse auf der Stufe der Leistungserfassung sowie der Bewertung erkennen und mit welchen Strategien Sie ihnen zukünftig begegnen wollen. Ein wichtiger Aspekt bei der Verhinderung bzw. Abmilderung von ungewollten Einflüssen ist die eigene Person, bspw. subjektive Theorien/Überzeugungen, Denkweisen, eigene Erfahrungen, Wahrnehmungstendenzen, Stärken und Schwächen. Überlegen Sie daher auch ganz spezifisch für sich selbst, wozu Sie neigen und was Sie aus vergangenen Erfahrungen wissen, woran Sie dies erkennen und was Sie dagegen tun können.

# 7 Wie wird ein Bewertungsraster für mündliche Kommunikationsprüfungen erstellt und verwendet?

Nachdem im vorangegangenen Kapitel vor allem allgemeine Grundlagen und rechtliche Aspekte der Erfassung und Bewertung von mündlichen Prüfungsleistungen im Vordergrund standen, soll es im folgenden Abschnitt vor allem um praktische Überlegungen rund um die Bewertung mündlicher Kommunikationsprüfungen gehen.

Die Verwendung von Bewertungsrastern zur Beurteilung mündlicher Prüfungsleistungen ergibt sich rechtlich aus der Notwendigkeit der Dokumentation und Rekonstruktionsmöglichkeit des Prüfungsgeschehens (s. Kap. 6), aber u. a. auch zum Zweck der Bewertung eines flüchtigen Geschehens und für Feedback. Dabei besitzt ein kriterienorientiertes Bewertungsraster bzw. die zu Grunde liegende kriteriale Bezugsnorm gegenüber sozialen Bezugsnormen (basierend auf potenziell wechselhaften bzw. starken/schwachen Leistungen anderer Prüflinge) sowie der individuellen Bezugsnorm (basierend auf der jeweilig unterschiedlichen Lernausgangslage) den entscheidenden Vorteil, dass die Performanz der Lernenden anhand zuvor festgelegter Erfolgskriterien standardisiert abgebildet und damit (theoretisch) auch klassenübergreifend vergleichbar wird. Einflüsse der anderen beiden Bezugsnormen lassen sich jedoch kaum vermeiden, insbesondere wenn Prüflinge in zeitlicher Nähe zueinander geprüft werden (Einflüsse der sozialen Bezugsnorm durch Vergleiche) und/oder die Prüfenden die Prüflinge kennen bzw. aus anderen Quellen über Vorinformationen verfügen. In Bezug auf Feedback und Motivation ist die individuelle Bezugsnorm zudem weiterhin von großer Bedeutung.

Da die Bewertung produktiver fremdsprachlicher Kompetenzen nicht ausschließlich über objektivitätsförderliche geschlossene Aufgabenformate erfolgen kann (vgl. Eberhardter/Kremmel/Konzett-Firth 2018: 110 ff.), begünstigen kriteriale Bewertungsraster im Kontext offener Aufgaben die Steigerung von Reliabilität und Objektivität (Döring/Bortz 2016: 443) durch eine sachorientierte Bepunktung und Gewichtung der individuellen Leistung anhand zuvor festgelegter, den Schüler*innen bekannter Kriterien. Zudem lenken sie die Aufmerksamkeit der Prüfenden idealerweise bereits während der Prüfung, aber in jedem Falle bei der Bewertung, auf die wichtigen Aspekte und verringern die Wahrscheinlichkeit für ‚blinde Flecken' bzw. starke Verzerrungen (die jedoch trotzdem noch auftreten können, siehe Kap. 6).

Für mündliche Kommunikationsprüfungen liegen inzwischen in einigen Bundesländern kriteriale Bewertungsraster vor, die sich im Wesentlichen auf die Kompetenzbereiche des *GeR* (Europarat, 2001) beziehen und die von Lehrkräften als Grundlage für die Bewertung von Schüler*innenleistungen herangezogen werden (können). Sie bieten Orientierung in einer komplexen und herausfordernden Prüfungssituation und erhöhen die empfundene (Rechts-)Sicherheit, wobei häufig keine Verpflichtung zur Verwendung besteht bzw. Anpassungen möglich sind.

Ein Grundproblem dieser Skalen bleibt die Unterscheidung einer substanziellen Anzahl verschiedener Leistungsstufen auf der Ebene der Bewertung mit Hilfe von Deskriptoren. Auch wenn es scheint, dass mit einer größeren Anzahl von Stufen eine höhere Objektivität und Präzision in der Bewertung erreicht wird, so ist eine zu differenzierte Beschreibung der Kompetenzausprägung gerade für die Leistungserfassung während der Prüfung nicht praktikabel und damit potenziell objektivitäts- bzw. reliabilitätssenkend, wenn Prüfende in der konkreten Prüfungssituation überfordert sind und damit eine zutreffende Bewertung beeinträchtigt wird (vgl. Eberhardter/Kremmel/Konzett-Firth 2018: 111). In gleicher Weise können zu wenige Stufen die individuelle Performanz der Lernenden nur unzureichend und nicht angemessen (differenziert) abbilden (ebd.). Dementsprechend stellen alle Bewertungsraster einen notwendigen Kompromiss aus Objektivität, Reliabilität und Praktikabilität in der Erfassung und Bewertung dar, was Prüfende bei der Beurteilung berücksichtigen müssen.

Weitere Herausforderungen gehen von der Charakteristik der Bewertungsraster aus. Während holistische Raster stärker auf eine ganzheitliche Bewertung der Performanz mithilfe übergreifend-globaler Kategorien abzielen, was mit weniger Einzelkriterien und -urteilen sowie größerer Zeitökonomik einhergeht (vgl. Hughes 2010), steigt die Gefahr von Urteilen, die z. B. aufgrund von Oberflächlichkeit, ‚blinden Flecken' oder einzelnen übergewichteten Aspekten verzerrt sind. Zudem eignen sich holistische Bewertungsraster weniger für diagnostische Zwecke und Feedback, weil sie kaum Rückschlüsse über Stärken und Schwächen ermöglichen und damit wenig Anhaltspunkte für individuelle Förderung bieten. Sie werden daher eher in Mischformen mit analytischen Rastern eingesetzt.

Analytische Bewertungsraster, bei denen mehrere Kriterien für die Erfassung, Analyse und Bewertung der Performanz innerhalb einer Kompetenzkategorie herangezogen werden, sind demgegenüber zwar deutlich komplexer, weniger zeitökonomisch und ebenfalls möglicherweise überfordernd, erlauben aber auch eine differenziertere Erfassung und Bewertung; sie können zudem einfacher für diagnostische Rückmeldungen genutzt werden (Luoma 2004, vgl. Kap. 7.4). Außerdem erhöht ein analytisches Bewertungsraster aufgrund von mehreren Erfassungen und Bewertungen potenziell Objektivität und die Reliabilität, da verschiedene Aspekte eines Kompetenzbereichs getrennt voneinander berücksichtigt werden und dann gemeinsam in die Bewertung einfließen (z. B. als Summe oder Mittelwert). Das reduziert ggf. die Auswirkung von einzelnen Verzerrungen oder übergewichteten Aspekten, wobei trotzdem die verzerrte Wahrnehmung/Erfassung/Bewertung aller Kriterien einer Kategorie, z. B. durch Überstrahlungseffekte (Halo-/Horns-Effekt) in Bereichen wie Grammatik oder Aussprache, möglich ist.

Des Weiteren ist zu beachten, dass weder die gröbsten Bewertungskategorien „Inhalt" und „Sprache" noch ihre Unterkriterien trennscharf bzw. überschneidungsfrei sind. So können Grammatik- oder Ausdrucksfehler auch auf die inhaltliche Leistung (im Sinne von Komplexität, Präzision, Differenziertheit, Verständlichkeit, Korrektheit) durchschlagen. Zudem ist die menschliche Wahrnehmung grundsätzlich fehleranfällig. Dadurch sind Verzerrungen, z. B. durch Überstrahlungseffekte, eine permanente (unsichtbare) Gefahr. Nachfolgend sollen daher einige grundsätzliche Fragestellungen im Zusammenhang mit (analytischen) Bewertungsrastern diskutiert werden, um daraus Überlegungen für ein möglichst praktikables Bewertungsraster und einen fehlerbewussten bzw. -reduzierenden Umgang damit abzuleiten.

## 7.1 Herausforderung Bewertungskriterien

Die funktionalen kommunikativen Kompetenzen, die Schüler*innen entwickeln sollen, wurden mit den Bildungsstandards der KMK (2004) deutlich aufgewertet. Die zugrunde liegenden Sprachfunktionen des *GeR* basieren auf authentischen kommunikativen Situationen, wie etwa dem Beschreiben von Erfahrungen, dem Argumentieren oder dem Vortragen öffentlicher Ankündigungen (Europarat 2001: 61 ff.). Diese Beispiele verdeutlichen, dass die sprachliche Realisierung mit der inhaltlichen Aufgabenerfüllung oft in Wechselwirkung steht (vgl. Matz/Rogge/Rumlich 2018: 5). Daher stellt die (u. U. analytisch sinnvolle) Trennung von Inhalt und Sprache oder auch Grammatik und Wortschatz im Bewertungsraster häufig eine Herausforderung dar. Aufgrund der fehlenden Trennschärfe und oft vorhandenen Wechselwirkung der globalen Bewertungskategorien wie auch ihrer Unterkriterien können Fehler unbewusst/ungewollt zu einer mehrfachen negativen Bewertung und Überstrahlungseffekten führen (siehe nachfolgende Beispiele).

> In der Aussage „*I was/have been in a relationship for two years*“ ist die Wahl der Zeitform eng mit der inhaltlichen Aussage verknüpft, ob die Beziehung noch im Gange oder bereits beendet ist. Eine Verwechslung stellt zunächst einen Grammatikfehler dar, beeinflusst aber auch stark den Inhalt – die lexikalische Leistung jedoch nicht. Wenn das Andauern der Beziehung ausgedrückt werden soll und dabei „*have*“ ausgelassen wird, handelt es sich (formal) um einen Grammatikfehler ohne Inhaltswirkung, da „*been*“ eindeutig als *present perfect* verstanden wird. In Sprechsprache außerhalb formeller Kontexte ist es jedoch eine übliche Auslassung, sonst maximal ein (akustisch kaum eindeutig wahrnehmbarer) stilistischer Fehlgriff.

> Wenn jemand eine spontane Reaktion ausdrücken möchte und dafür den *lexical chunk „from the top of my head“* (statt *„off the top of my head“*) verwendet, ist die Fehlerklassifizierung nicht mehr so eindeutig; ebenso bei inkorrekten Präpositionen/Partikeln bei *phrasal verbs* wie bspw. *„I am hitting (on) her“*. Man könnte es als Präpositions-/Grammatik- oder als Lexikfehler[4] bewerten, der die inhaltliche Aussage im ersten Beispiel wahrscheinlich nicht, im zweiten wahrscheinlich schon beeinträchtigt.

Aus der im Fremdsprachenunterricht weiterhin vorherrschenden Dominanz der Schriftlichkeit erwachsen auch Gefahren für die Erfassung und Bewertung von Mündlichkeitskompetenzen (siehe Kap. 1.4/2.3/4.3), z. B. durch

- Aufgaben(stellungen) und Zieltextformate/Genres, die der Schriftlichkeit entspringen und Prüflingen das Demonstrieren ihrer Mündlichkeitskompetenzen erschweren, aber auch durch
- Bewertungskriterien (z. B. bezogen auf sprachliche Richtigkeit, Variabilität, Komplexität), die der Schriftlichkeit entspringen und auf mündliche Kommunikation nicht/kaum/nur eingeschränkt zutreffen – bei ggf. gleichzeitiger Nichtbeachtung oder Geringwertigkeit von Charakteristika konzeptioneller Mündlichkeit (Flüssigkeit/Gesprächsfluss, Nutzung kommunikativer Strategien,

---

4 Hier sei auf die Relevanz von Lexik und den *Lexical Approach* (Lewis 1993) hingewiesen, gemäß dessen grammatische Strukturen und ihre Bedeutung z. T. auch über *Lexical Chunks/Word Grammar* eingeführt und realisiert werden können, ohne dass die grammatischen Strukturen den Lernenden explizit vermittelt worden sein müssen. Dies verschiebt die Grenzen von Grammatik und Lexik, auch bei der Fehlerklassifikation (vgl. Matz/Rogge/Rumlich 2018: 7).

erfolgreiche Bedeutungsaushandlung, *False Starts*, Denkpausen etc.).

Die bei Lehrkräften häufig dominante Defizitorientierung begünstigt darüber hinaus, dass sprachliche Verstöße negative Strahlkraft für andere sprachliche Bereiche entfalten oder deutlich stärker gewichtet werden als inhaltliche Aufgabenerfüllung. Daher ist es wichtig, dass ein kriteriales Bewertungsraster ausreichend Raum für Positives einräumt und z. B. idiomatische Wendungen, komplexe Grammatik, gelungene Tempuswechsel und differenzierten Ausdruck angemessen berücksichtigt (vgl. ebd.).

Vor diesem Hintergrund ist es erforderlich, dass die verwendeten Bewertungskriterien sowie die Deskriptoren zur Abstufung des Grads der Leistungserfüllung sinnvoll auf die konkreten Aufgaben, die Niveaustufe und Anforderungen angepasst sind, so dass auch die entsprechenden sprachlichen und inhaltlichen Herausforderungen und Lösungsmöglichkeiten hinreichend Berücksichtigung finden.

## 7.2 Bewertungskriterien transparent machen und kollaborativ entwickeln

Wie an vielen Stellen zuvor erwähnt, ist es von essenzieller Bedeutung, dass vor dem Einsatz eines Bewertungsrasters Transparenz bzgl. der Bewertungskriterien und Deskriptoren zur Abstufung des Grads der Leistungserfüllung hergestellt wird – für die an der Prüfung beteiligten Lehrkräfte sowie für die Prüflinge. Insbesondere die Gewichtung sprachlicher und inhaltlicher Aspekte, aber auch die konkreten Anforderungen zur Leistungserfüllung der einzelnen Skalenstufen des analytischen Bewertungsrasters müssen vorab miteinander geklärt und idealerweise auch auf Fachschaftsebene verbindlich festgelegt werden, um die Wahrscheinlichkeit für Inkonsistenzen und Fehler während und nach der Prüfung möglichst gering zu halten.

In gleicher Weise ist es erforderlich, Transparenz für die Lernenden herbeizuführen und im Unterricht möglichst konkret mit den jeweiligen Kriterien und Deskriptoren zu arbeiten, so dass die Lernenden schrittweise mit den Bewertungsgrundlagen vertraut werden. Idealerweise werden Bewertungskriterien in Co-Konstruktion gemeinsam mit den Lernenden erarbeitet, die dabei über ihre Mitgestaltung *Agency* und *Empowerment* erfahren und die Kriterien in unterschiedlichen Unterrichtskontexten erproben können. Dies schafft leistungsförderliche Vertrautheit mit den Leistungsanforderungen und ihrer Bewertung.

Die von den Bildungsbehörden der Länder vorgegebenen Bewertungsraster erscheinen auf den ersten Blick zwar zeitökonomisch, da sie wenige Bewertungskriterien in übersichtlicher Form präsentieren und so neben der Leistungserfassung und -dokumentation auch schon eine -bewertung während des Prüfungsverlaufes durch die Lehrkraft ermöglichen. Bei näherem Hinsehen zeigt sich aber, dass diese Bewertungsraster und die zugrunde liegenden Kriterien für Schüler*innen nur schwer nachvollziehbar und kaum transparent sind. Sie sind häufig nicht alters- und lernniveauspezifisch, sondern allgemein formuliert, so dass nicht auf konkrete Aufgabenstellungen oder Lösungsmöglichkeiten Bezug genommen wird. Wenn mündliche Kommunikationsprüfungen aber auch im Sinne des formativen Assessments zur Selbstevaluation durch die Schüler*innen zur Förderung des Lernfortschritts genutzt werden sollen, so dass sie damit ihren aktuellen Leistungsstand angemessen einschätzen und Verantwortung für weitere Lernprozesse übernehmen können (vgl. Tesch/Nold 2017: 177 f.), dann müssen die Bewertungskriterien zwingend aus dem vorbereitenden Unterricht erwachsen und gemeinsam mit den Lernenden aufgaben- und kontextspezifisch entwickelt werden.

Über die Co-Konstruktion von Bewertungskriterien (Gregory/Cameron/Davies 2011) lassen sich im Unterricht in induktiver Weise Kriterien für die Bewertung mündlicher Kommunikation entwickeln, bei denen von den Schüler*innen zentrale Teilkategorien und Indikatoren für gelungene Kommunikation entwickelt und im Laufe der Unterrichtsreihe zunehmend konkretisiert werden. Hierzu werden in einer ersten Phase des Brainstormings zunächst anhand eines oder mehrerer Modelltexte mögliche Kriterien für eine gelungene Performanz bzw. Kommunikation gesammelt. Hier eignen sich audiovisuelle mündliche Genres, wie etwa Vorträge, Präsentationen, Diskussionsrunden oder Interviews. Die Lernenden schreiben dann ein bis zwei Aspekte auf Karten heraus, die besonders zum kommunikativen Erfolg beigetragen haben. Die daraus entstehende Liste möglicher Kriterien legt bereits vorhandene (implizite) Bewertungskriterien auf Seiten der Lernenden und der Lehrkraft offen (vgl. Rogge 2018a: 8). In einem zweiten Schritt (*Sort and Regroup*) werden diese Kriterien nun in Kleingruppen strukturiert und kategorisiert. Dazu kann die Lehrkraft entweder Oberkategorien vorgeben (z. B. Inhalt, Strategie, Sprache, ggf. auch differenzierter wie z. B. Aussprache/Betonung) bzw. entwickeln oder diese zunächst noch offenlassen. Wichtig ist, dass die Lernenden die in Phase eins genutzten Karten immer wieder umsortieren, bis alle Karten auf die unterschiedlichen Kategorien verteilt sind und die Lernenden mit der Aufteilung einverstanden sind. In einem dritten Schritt (*Categorise Criteria*) werden die unterschiedlichen Kategorien weiter ausgeschärft. Die Lernenden formulieren dazu für jede Kategorie möglichst weitere Qualitätskriterien oder erarbeiten konkrete Beschreibungen, wie sich diese umsetzen lassen oder wie man sie erkennen kann. In einem letzten Schritt (*Compare and Contrast*) sind die Lernenden eingeladen, die durch Co-Konstruktion entwickelten Kriterien und deren Konkretisierungen anhand eines weiteren Modelltextes zu erproben. Es hat sich bewährt, an dieser Stelle einen Text zu wählen, der bewusst einzelne Kriterien nicht erfüllt, so dass die Lernenden gemeinsam überlegen können, wie sich dieser Text weiter optimieren ließe. Durch diese intersubjektive Validierung wird sichergestellt, dass alle Schüler*innen die Kriterien verstanden haben und im Kontext mündlicher Kommunikation anwenden können. Gleichzeitig ist die Optimierung des Textes anhand der gemeinsam entwickelten Bewertungskriterien ein wichtiger Schritt in Richtung Selbstevaluation und Selbstverantwortung für das eigene Lernen. So werden die Lernenden befähigt, auch im Nachgang einer Prüfung die eigene Leistung besser einzuschätzen und Konsequenzen für das eigene Weiterlernen zu formulieren.

Durch die Integration von Phasen der Selbstevaluation und des *Peer Assessments* erhöht sich der Handlungsspielraum der Lernenden, wenn ihnen zugleich Strategien und Kriterien für die Optimierung der eigenen Sprechleistungen an die Hand gegeben werden (vgl. Andrade/Ying 2005: 7). Durch Co-Konstruktion, Umwälzen, Anwendung und Übung findet ein regelmäßiges systematisches Training der Kompetenzen statt. Die gemeinsam ausgehandelten Bewertungskriterien stellen sicher, dass die Prüfung, die

Leistungserwartung und die Bewertung für die Lernenden nachvollziehbar und vertraut sind – Mitbestimmung, regelmäßiges Training und sichtbar(gemacht)e Fortschritte steigern zudem auch Akzeptanz und Motivation. Insgesamt reduziert dies Sprechhemmungen und negative Emotionen, sowohl in Bezug auf mündliche Kommunikation im Allgemeinen als auch deren Überprüfung im Speziellen.

## 7.3 Vorschlag für ein konkretisiertes Bewertungsraster

Der nachfolgend dargestellte Vorschlag für ein konkretisiertes Bewertungsraster basiert auf dem vom Land Nordrhein-Westfalen vorgeschlagenen Bewertungsraster für mündliche Fremdsprachenprüfungen in der Sekundarstufe I (und II; MSB NRW 2022; Anlage 62), greift aber einige der angeführten Hinweise zur Konkretisierung und Co-Konstruktion auf und versucht dadurch, die unterschiedlichen Prüfungsleistungen auch für die Lernenden nachvollziehbarer zu machen. Aufgrund der Wichtigkeit der Spezifik solcher Bewertungsraster kann solch ein Vorschlag jedoch lediglich als Anregung oder Orientierung dienen.

Das nordrhein-westfälische Bewertungsraster (MSB NRW 2022) trennt zwischen den Prüfungsteilen des monologischen und dialogischen Sprechens und weist dabei die inhaltliche Leistung getrennt von der sprachlichen aus. Die inhaltliche Leistung wird auf einer Skala von 0–10 Punkten bewertet, wobei alle geraden Punktzahlen keine Deskriptoren aufweisen und zu verwenden sind, „wenn die Leistung nicht eindeutig einer Punktzahl mit Deskriptor zuzuordnen ist" (ebd.). Die angegebenen Deskriptoren beziehen sich auf den Grad der Aufgabenerfüllung, der Differenziertheit und

Klarheit in der Darstellung (monologisches Sprechen) bzw. auf die sachgerechte und aufgabengerechte Gedankenführung (dialogisches Sprechen) und weist damit auch Überlappungsbereiche mit der sprachlichen Leistung (bspw. in Bezug auf Klarheit auf)[5]. Für die sprachliche Leistung werden insgesamt 15 Punkte vergeben, wobei zwischen den Bewertungskategorien „Kommunikative Strategie/Präsentationskompetenz" bzw. „Diskurskompetenz" (max. 4 Punkte) und der „Verfügbarkeit sprachlicher Mittel" (Wortschatz und Grammatik mit max. je 4 Punkten; Aussprache/Intonation max. 3 Punkte), unterschieden wird (ebd.). Dies entspricht einer Gewichtung von 60 % Sprache zu 40 % Inhalt (wie in der Sek. II üblich).

Zwar scheint dieses Bewertungsraster auf den ersten Blick sehr ökonomisch und in der Reduzierung auf wenige Bewertungskriterien auch transparent und praktikabel. Es zeigen sich in der Bewertungspraxis jedoch einige der antizipierten Probleme (siehe Kap. 7.1): Zum einen ist die formale Trennung zwischen inhaltlichen und sprachlichen Aspekten der Bewertung problematisch, weil sie vom Raster selbst nicht eingehalten wird (siehe Fußnote). Dies ist auch der Tatsache geschuldet, dass sich die inhaltliche Aufgabenerfüllung bei den üblichen Aufgabenformaten wie etwa dem informellen Gespräch, der Diskussion unter Freund*innen oder der formalisierten *panel discussion* häufig nicht vollständig von der sprachlichen Realisierung trennen lässt (vgl. Matz/Rogge/Rumlich 2018: 5). Inwiefern ist eine

5 Der Deskriptor für drei Punkte lautet: „Nur wenige der geforderten Aspekte bezüglich der Aufgaben werden erkannt und richtig angegeben. Die Ausführungen beziehen sich nur eingeschränkt auf die Aufgaben und sind manchmal unklar" (ebd.).

sprachlich nicht angemessene Adressat*innenorientierung als rein sprachlicher oder inhaltlicher Verstoß oder beides zu werten? Solche vom Raster begünstigten Widersprüche und Unklarheiten führen im Kontext der Bewertung zu Irritationen, Diskussionen und potenziell verschiedenen Umgangsweisen. Ein in der Praxis häufig vorgenommener Abzug in beiden Bereichen ist für die Lernenden oft nicht nachvollziehbar. In ähnlicher Weise ist die strikte Trennung von Wortschatz und Grammatik trotz fehlender Eindeutigkeit in Theorie und Praxis für alle Prüfungsbeteiligten problematisch und geht ebenfalls mit substanziellen Unsicherheiten einher.

Dementsprechend setzt das nachfolgende Bewertungsraster zunächst auf eine stärkere Ausdifferenzierung inhaltlicher Aspekte, wobei dem Genre- und Adressat*innenenbezug besonderer Raum gegeben wird, da dieser für gelingende Kommunikation besonders relevant ist. Der Grad der Aufgabenerfüllung muss inhaltlich so weit konkretisiert werden, dass er auf das konkrete Unterrichtsvorhaben abgestimmt ist. Entsprechend muss das Bewertungsraster für jede mündliche Prüfung angepasst werden, wozu auch das oben beschriebene Verfahren der Co-Konstruktion mit den Schüler*innen im Unterricht gut geeignet ist.

Dem nachfolgenden Beispiel liegt eine Unterrichtsreihe in einem Leistungskurs der gymnasialen Oberstufe zum Thema *American Dream – Myth or Reality* zugrunde. In dieser ging es darum, mediale Repräsentationen des *American Dream* (z. B. Songs, Filme, TV-Serien, Karikaturen) zu untersuchen (vgl. Rogge 2018). Anhand von Modelltexten entwickelten die Lernenden erste Kriterien für die Auseinandersetzung mit verschiedenen Zieltextformaten. Das für die mündliche Prüfung gewählte Genre für den monologischen Prüfungsteil war die Präsentation einer Rezension zu einem Musikvideo in Form eines Vlogs. Dazu hatten die Lernenden im Unterricht verschiedene Songs analysiert, die sich mit dem Thema *American Dream* auseinandersetzen und haben daraus Analysekriterien abgeleitet. Der Genrebezug war dabei ein wichtiges Bewertungskriterium (vgl. Matz/Rogge/Rumlich 2018: 4) und wurde entsprechend im Bewertungsraster als Element der Aufgabenerfüllung ausgewiesen.

Die sprachlichen Aspekte wurden ebenfalls auf die konkrete Prüfungssituation angepasst, so dass hier z. B. der themenspezifische Wortschatz und der Grad sprachlicher Präzision und Differenziertheit im Fokus standen. Die kommunikative Strategie/Präsentationskompetenz bezog sich durchgehend auf den Vlog (Struktur, Gedankenführung). Als letztes Kriterium wurde die Aussprache und Intonation aufgeführt, die gegenüber dem ursprünglichen Bewertungsraster deutlich aufgewertet wurden, um ihrer Wichtigkeit für die Verständlichkeit Rechnung zu tragen und gleichzeitig eine differenziertere Bewertung zu ermöglichen.

| **1. Inhalt (Genre, Adressat*innenbezug)** | | |
|---|---|---|
| Die Darstellung orientiert sich sehr gelungen am Genre des Vlogs und berücksichtigt in sehr guter Weise das Zielpublikum. | (3) | |
| Die Darstellung folgt im Aufbau im Wesentlichen Genremerkmalen eines Vlogs, das Zielpublikum wird weitgehend berücksichtigt. | (2) | |
| Die Merkmale des Genres und die Spezifika des Zielpublikums werden nur bedingt berücksichtigt. | (1) | |
| Genre und Adressat*innenbezug finden quasi keine Berücksichtigung. | (0) | |

| **2. Inhalt (Aufgabenerfüllung)** | | |
|---|---|---|
| Die inhaltliche Auseinandersetzung mit dem Song ist sehr überzeugend und präzise; es werden umfassende und differenzierte Kenntnisse der Thematik (*American Dream*) deutlich; die eigene Position wird umfassend verdeutlicht. | (7) | |
| Die inhaltliche Auseinandersetzung mit dem Song ist gelungen, eine sachgerechte Auseinandersetzung mit dem Themenbereich wird deutlich, die eigene Meinung wird angemessen dargestellt. | (6) | |
| Die inhaltliche Auseinandersetzung mit dem Song ist plausibel und nachvollziehbar, es werden weiterführende Kenntnisse zum Themenbereich (*American Dream*) erkennbar, und eine inhaltliche Einordnung des Songs findet statt. | (5) | |
| Die inhaltliche Auseinandersetzung mit dem Song ist weitgehend gelungen, es findet aber nur bedingt eine weiterführende Auseinandersetzung mit dem Themenbereich (*American Dream*) und eine inhaltliche Einordnung des Songs statt. | (4) | |
| Die Auseinandersetzung mit dem Song bleibt lückenhaft, Bezüge zum Themenbereich werden nur sehr eingeschränkt erbracht; die eigene Position bleibt weitgehend unklar. | (3) | |
| Die Darstellung des Songs zeigt, dass Verständnisschwierigkeiten bestehen; eine Anbindung an den Themenbereich (*American Dream*) erfolgt nicht, die eigene Position kann nicht hinreichend verdeutlicht werden. | (2) | |
| Die Darstellung des Songs zeigt, dass der Ausgangstext nicht verstanden wurde, weiterführende Kenntnisse sind nur sehr eingeschränkt vorhanden, eine Stellungnahme gelingt nicht. | (1) | |
| Die Aufgabe wurde auch nicht ansatzweise gelöst. | (0) | |

| **3. Sprache** | | |
|---|---|---|
| **(Wortschatz, Grammatik)** | | |
| Der im Unterricht erarbeitete themenspezifische Wortschatz (*Music/American Dream*) wird in besonderer Weise situationsangemessen verwendet, die Beschreibung des Songs erfolgt differenziert. Lexikalische *Chunks* (insbesondere *Phrasal Verbs, Collocations*) werden angemessen verwendet, die Sprache ist variantenreich und hinreichend differenziert, sprachliche Verstöße sind nicht/kaum erkennbar. | (5) | |

| 3. Sprache | | |
|---|---|---|
| Der im Unterricht erarbeitete themenspezifische Wortschatz (*Music/American Dream*) wird weitgehend situationsangemessen verwendet, die Darstellung ist hinreichend differenziert, leichte sprachliche Verstöße sind erkennbar, sprachliche Selbstkorrektur findet z. T. statt. | (4) | |
| Der im Unterricht erarbeitete themenspezifische Wortschatz (*Music/American Dream*) wird weitgehend verwendet, die Darstellung bleibt aber sprachlich eher einfach, es werden Strategien zur sprachlichen Umschreibung genutzt, so dass noch eine angemessene sprachliche Präzision erkennbar ist. Ein angemessenes sprachliches Repertoire ist erkennbar, auch wenn sprachliche Strukturen zum Teil fehlerhaft sind. | (3) | |
| Der im Unterricht erarbeitete themenspezifische Wortschatz (*Music/American Dream*) wird in Teilen verwendet, die Darstellung bleibt aber sprachlich sehr einfach, so dass es häufig an sprachlicher Präzision mangelt. Ein grundlegendes sprachliches Repertoire ist erkennbar, jedoch erschweren sprachliche Verstöße zum Teil die Kommunikation/das Verständnis. | (2) | |
| Aufgrund des nur sehr eingeschränkt verfügbaren Wortschatzes, der häufigen Wiederholungen sowie der deutlich erkennbaren sprachlichen Mängel bleibt die Darstellung nur eingeschränkt verständlich und ist nicht hinreichend präzise. | (1) | |
| Aufgrund der erheblichen sprachlichen Mängel ist keine erfolgreiche Kommunikation in der Fremdsprache möglich. | (0) | |

| 4. Kommunikative Strategie / Präsentationskompetenz | | |
|---|---|---|
| Die Gedankenführung ist in besonderer Weise gedanklich stringent, die Präsentation des Vlog erfolgt frei und flüssig, die inhaltliche Darstellung wird durch Gestik/Mimik und non-verbale Elemente gelungen unterstützt. | (5) | |
| Die Gedankenführung ist stringent, die Präsentation des Vlogs erfolgt frei und flüssig. | (4) | |
| Die Darstellung ist kohärent und strukturiert, die Präsentation des Vlogs erfolgt im Wesentlichen frei und flüssig, | (3) | |
| Die Präsentation des Vlogs lässt eine grundlegende Struktur erkennen, die Darstellung bleibt aber oftmals verkürzend oder weitschweifig, die Präsentation des Vlogs ist dabei nur eingeschränkt frei und flüssig. | (2) | |

| 4. Kommunikative Strategie / Präsentationskompetenz | | |
|---|---|---|
| Die Präsentation des Vlogs bleibt sehr unstrukturiert, so dass die Adressat*innen nur schwer folgen können, Zusammenhänge werden nicht gelungen verdeutlicht, die Darstellung ist häufig stockend, wiederholend und insgesamt unsicher. | (1) | |
| Die Präsentation des Vlogs zeigt keine erkennbare Struktur, die Kommunikation kommt häufig zum Stillstand. | (0) | |

| 1./2. Inhalt | 4. komm. Strategie |
|---|---|
| 3. Sprache | 5. Aussprache |

**Summe :** ___________ (max. 25 Pt.)

Anm.: Die Gesamtpunktzahl aus beiden Prüfungsteilen beträgt 50 Punkte. Die Zuordnung zu Punkten erfolgt gemäß der Notentabelle des Prüfungsrasters aus Nordrhein-Westfalen.

Abbildung 3: Mögliches Bewertungsraster zur Erfassung/Bewertung von Mündlichkeitskompetenz (adaptiert von Matz/Rogge/Rumlich 2018: 6–7)

## 7.4 Leistungen rückmelden und dokumentieren

Wie bereits erwähnt, sollte die Förderung von Mündlichkeitskompetenz nicht mit der Prüfung enden. Gerade wenn die Bewertungskriterien gemeinsam mit den Lernenden durch Co-Konstruktion entwickelt wurden, lassen sich die Prüfungsergebnisse ideal für die Selbstevaluation und *Peer-Feedback* nutzbar machen. So kann das konkretisierte Bewertungsraster beispielsweise dazu dienen, dass die Schüler*innen sich individuell ihre Prüfungsergebnisse ansehen, diese evaluieren und selbst Strategien identifizieren, die ihnen zukünftig helfen können. Die Prüfungsergebnisse können aber auch anderen Mitschüler*innen vorgelegt werden, so dass diese anhand der gemeinsam erarbeiteten Kriterien und

Konkretisierungen entsprechende Verbesserungsvorschläge unterbreiten. Diese können sinnvollerweise auch als digitale Audiokommentare (z. B. als Sprachnotiz mit dem Smartphone) aufgenommen und direkt an ihre Mitschüler*innen verschickt werden. Die Lehrkraft kann zudem im Anschluss an die Prüfung die Bewertungskriterien mit den Lernenden sichten, um weitere Konkretisierungen vorzunehmen und somit der Prozessorientierung im Kontext der Förderung von Mündlichkeitskompetenz im Fremdsprachenunterricht mehr Raum zu geben. Gerade mit Blick auf die vielfältig neuen Formen von medial vermittelter Mündlichkeit und Schriftlichkeit kann dies sinnvoll erscheinen (vgl. Rogge 2018: 9). Zudem können Audio- und Videoaufnahmen von Übungssequenzen und Probehandlungen aus dem Unterricht und den Hausaufgaben für gegenseitiges Feedback, zur Selbstevaluation und zur Sichtbarmachung von Lern-/Entwicklungserfolgen genutzt werden. Auch kann das mehrmalige Üben und die Evaluationen der Aufnahmen zu einer Bewusstmachung für die Wirksamkeit von Wiederholung/Übung und Editierungs-/Verbesserungsprozessen führen, wie sie auch bei schriftlichen Texten selbstverständlich sein sollte, aber kaum ist (so gaben z. B. in einer Studie mit 1125 Schüler*innen der Klassenstufen 8–10 83 % an, noch nie einen Text nach Rückmeldung überarbeitet zu haben; Porsch 2010: 64).

**Aufgabe:**

Passen Sie das hier beispielhaft vorgestellte Bewertungsraster an die von Ihnen in der vierten Aufgabe gewählten Genres an. Überprüfen Sie hierbei die Kriterien und überlegen Sie darüber hinaus, wie Sie das Bewertungsraster für ein Feedbackgespräch mit den Lernenden nutzen können.

# Literaturnachweise


Andrade, Heidi & Ying, Du (2005): Student perspectives on rubic-referenced assessment. In: *Practical Assessment, Research & Evaluation*, 10 (3), 1–9.

Bygate, Martin (1987): *Speaking.* Oxford: Oxford University Press.

Cameron, Lynne (2001): *Teaching Languages to Young Learners.* Cambridge, UK: Cambridge University Press.

Dalton-Puffer, Christiane (2013): A construct of cognitive discourse functions for conceptualising content-language integration in CLIL and multilingual education. In: *European Journal of Applied Linguistics,* 1 (2), 216–253, https://doi.org/10.1515/eujal-2013-0011.

Deci, Edward L. & Ryan, Richard M. (1985): *Intrinsic motivation and self-determination in human behavior.* New York, NY: Plenum.

DeKeyser, Robert (2007): Skill acquisition theory. In: VanPatten, Bill & Williams, Jessica (Hrsg.): *Theories in second language acquisition.* Mahwah, NJ: Laurence Erlbaum, 97–113.

Delius, Katharina & Freitag-Hild, Britta (2022): Neue Mündlichkeiten – Digital vermitteltes und inszeniertes Sprechen fördern. In: *Der Fremdsprachliche Unterricht Englisch*, 56 (176), 2–7.

Diehr, Bärbel (2021): Start Small, Build Tall: Insights from Studies with young ELF Learners. Vortrag im Rahmen des Symposiums *Fostering and Assessing Oracy in Foreign Language Education: Perspectives from Practice-Oriented and Design-Based Research* an der Westfälischen Wilhelms-Universität Münster.

Diehr, Bärbel & Frisch, Stefanie (2008): *Mark their words. Sprechleistungen im Englischunterricht der Grundschule fördern und beurteilen.* Braunschweig: Westermann.

DESI-Konsortium (2006): *Unterricht und Kompetenzerwerb in Deutsch und Englisch. Zentrale Befunde der Studie Deutsch Englisch Schülerleistung International.* Deutsches Institut für Internationale Pädagogische Forschung. https://www.dipf.de/de/forschung/pdf-forschung/llib/desi-zentrale-befunde (1.11.2022).

Döring, Nicola & Bortz, Jürgen (2016): *Forschungsmethoden und Evaluation in den Sozial- und Humanwissenschaften.* 5. Auflage. Berlin: Springer.

Eberharter, Kathrin, Kremmel, Benjamin & Konzett-Firth, Carmen (2018): Produktive Fähigkeiten überprüfen und bewerten. In: Hinger, Barbara & Stadler, Wolfgang (Hrsg.): *Testen und Bewerten fremdsprachlicher Kompetenzen*. Tübingen: Narr, 87–115.

Ellis, Franziska (2015): Mit dramapädagogischen Methoden sprachliche und kommunikative Kompetenzen fördern. In: Hallet, Wolfgang & Surkamp, Carola (Hrsg.): *Dramendidaktik und Dramapädagogik im Fremdsprachenunterricht.* Trier: WVT, 89–116.

Europarat (2001): *Gemeinsamer europäischer Referenzrahmen für Sprachen. Lernen, Leben, Beurteilen*. Berlin: Langenscheidt.

Europarat (2020): *Gemeinsamer europäischer Referenzrahmen für Sprachen. Lernen, Leben, Beurteilen. Begleitband*. Stuttgart: Klett Sprachen.

Field, John (2011): *Listening in the Language Classroom*. Cambridge, UK: Cambridge University Press.

Goh, Christine C. M. (2018): Language Awareness and the Teaching of Listening and Speaking. In: Garrett, Peter & Cots, Josep M. (Hrsg.): *The Routledge Handbook of Language Awareness.* New York, NY: Routledge, 92–107.

Goh, Christine C. M. (2019): Comprehending speech genres for the listening classroom. In: Gao, Xuesong (Hrsg.): *Second Handbook of English Language Teaching.* Cham, UK: Springer, 847–859.

Goh, Christine C. M. & Burns, Anne (2012): *Teaching Speaking. A Holistic Approach*. Cambridge, UK: Cambridge University Press.

Gregory, Kathleen, Cemeron, Caren & Davies, Anne (2011): *Setting and Using Criteria*. 2nd edition. Bloomington, IN: Solution Tree.

Grünewald, Andreas (2014): Bewertung mündlicher Schülerleistung. In: Burwirtz-Melzer, Eva, Königs, Frank G. & Riemer, Claudia (Hrsg.): *Perspektiven der Mündlichkeit.* Gießener Beiträge zur Fremdsprachendidaktik. Tübingen: Narr, 58–68.

Hallet, Wolfgang (2011): Generisches Lernen: Muster und Strukturen der sprachlichen Interaktion erkennen und verwenden. *Der Fremdsprachliche Unterricht Englisch*, 45 (114), 2–7.

Hallet, Wolfgang (2012): Die komplexe Kompetenzaufgabe. Fremdsprachliche Diskursfähigkeit als kulturelle Teilhabe und Unterrichtspraxis. In: Hallet, Wolfgang (Hrsg.): *Kompetenzaufgaben im Englischunterricht. Grundlagen und Unterrichtsbeispiele.* Seelze: Klett/Kallmeyer. 8–19.

Hallet, Wolfgang (2014): Beyond Speaking: Neue Mündlichkeiten. In: Burwirtz-Melzer, Eva, Königs, Frank G. & Riemer, Claudia (Hrsg.): *Perspektiven der Mündlichkeit.* Gießener Beiträge zur Fremdsprachendidaktik. Tübingen: Narr, 69–78.

Hallet, Wolfgang (2016): *Genres im fremdsprachlichen und bilingualen Unterricht. Formen und Muster der sprachlichen Interaktion.* Seelze: Klett/Kallmeyer.

Hallet, Wolfgang (2020): Die Digitalisierung der fremdsprachigen Diskursfähigkeit. In: Eisenmann, Maria & Steinbock, Jeanine (Hrsg.): *Sprache, Kulturen und Identitäten: Umbrüche durch Digitalisierung?* Baltmannsweiler: Schneider Verlag Hohengehren, 191–202.

Henseler, Roswitha (2018): Keep Cool. Mündliche Prüfungen vorbereiten, Prüfungsangst überwinden. In: *Der Fremdsprachliche Unterricht Englisch,* 52 (153), 12–17.

Henseler, Roswitha & Obst, Inga (2013 a): Mit dem conversation fan zum conversation fan – Get chatting! Gesprächskompetenz trainieren, beobachten, rückmelden. In: *Englisch 5–10*, 7 (23), 18–21.

Henseler, Roswitha & Obst, Inga (2013 b): Gesprächskompetenz diagnostizieren und bewerten. In: *Englisch 5–10,* 7 (23), 34–35.

Hessisches Kultusministerium (2021): *Oberstufen- und Abiturverordnung (OAVO) vom 20. Juli 2009 [in der Fassung vom 18. März 2021].* Verfügbar unter: https://www.rv.hessenrecht.hessen.de/bshe/document/hevr-OSt_AbiVHErahmen (1.11.2022).

Hughes, Arthur (2010): Testing for Language Teachers. 2nd edition. Cambridge, UK: Cambridge University Press, https://doi.org/10.1017/CBO9780511732980.

Hughes, Rebecca (2011): *Teaching and researching speaking.* 2nd edition. New York, NY: Routledge.

Jürgens, Eike. (2010). *Leistung und Beurteilung in der Schule: Eine Einführung in Leistungs-und Bewertungsfragen aus pädagogischer Sicht.* 7. Auflage. Sankt Augustin: Academia.

Kieweg, Werner (2011): Mit Praxeogrammen Gespräche führen. In: *Der fremdsprachliche Unterricht Englisch,* 45 (114), 8–11.

KMK [Kultusministerkonferenz] (2003): *Bildungsstandards für die erste Fremdsprache (Englisch/Französisch) für den Mittleren Schulabschluss. Beschluss vom 4.12.2003.* Verfügbar unter https://www.kmk.org/fileadmin/veroeffentlichungen_beschluesse/2003/2003_12_04-BS-erste-Fremdsprache.pdf (1.11.2022).

KMK [Kultusministerkonferenz] (2012): *Bildungsstandards für die fortgeführte Fremdsprache (Englisch/Französisch) für die Allgemeine Hochschulreife. (Beschluss der Kultusministerkonferenz vom 18.10.2012).* Verfügbar unter: https://www.kmk.org/fileadmin/veroeffentlichungen_beschluesse/2012/2012_10_18-Bildungsstandards-Fortgef-FS-Abi.pdf (1.11.2022).

Koch, Peter & Oesterreicher, Wulf (1985): Sprache der Nähe – Sprache der Distanz. Mündlichkeit und Schriftlichkeit im Spannungsfeld von Sprachtheorie und Sprachgeschichte. In: *Romanistisches Jahrbuch,* 36 (1), 15–43, https//doi.org/10.1515/9783110244922.15.

Kolb, Annika (2018): Kontinuität im Englischunterricht. In: Porsch, Raphaela (Hrsg.): *Der Übergang in von der Grundschule auf die weiterführende Schule. Grundlagen für die Lehrerausbildung und Praxis.* Münster: Waxmann, 275–292.

Legutke, Michael K. (2010): Kommunikative Kompetenz und Diskursfähigkeit. In: Hallet, Wolfgang & Königs, Frank G. (Hrsg.): *Handbuch Fremdsprachendidaktik.* Seelze: Klett/Kallmeyer, 70–75.

Levelt, Willem J. M. (1998): *Speaking. From Intention to Articulation.* 5th edition. Cambridge, MA: MIT Press.

Luoma, Sari (2004): *Assessing Speaking.* Cambridge, UK: Cambridge University Press.

Matz, Frauke, Rogge, Michael & Rumlich, Dominik (2018): What Makes a Good Speaker of English? Sprechkompetenz mit mündlichen Prüfungen erfassen. In: *Der Fremdsprachliche Unterricht Englisch,* 52 (153), 2–7.

Matz, Frauke, Rogge, Michael & Rumlich, Dominik (2020): Die mündliche Prüfung in der Sekundarstufe II: Herausforderung und Chance für die Fremdsprachendidaktik. In: Drackert, Anastasia, Mainzer-Murrenhoff, Mirka, Soltyska, Anna & Timukova, Anna (Hrsg.): *Testen bildungssprachlicher Kompetenzen und akademischer Sprachkompetenzen – Zugänge für Schule und Hochschule.* Frankfurt am Main: Lang, 17–34.

Mercer, Neil, Wegrif, Rupert & Major, Louis (2020): Oracy education: The development of young people's spoken language skills. In: Mercer, Neil, Wegrif, Rupert & Major, Louis (Hrsg.): *The Routledge International Handbook of Research on Dialogic Education.* London, UK: Routledge, 292–305.

Meyer, Oliver, Halbach, Ana & Coyle, Do (2015): *A Pluriliteracies Approach to Teaching for Learning. Council of Europe.* Verfügbar unter: https://pluriliteracies.ecml.at/Portals/54/publications/pluri literacies-Putting-a-pluriliteracies-approach-into-practice.pdf (1.11.2022).

MKJS BW [Ministerium für Kultur, Jugend, und Sport des Landes Baden-Württemberg] (2020): *Verordnung des Kultusministeriums über die Notenbildung.* Verfügbar unter: https://www.landes recht-bw.de/jportal/?quelle=jlink&query=NotBildV+BW&psml= bsbawueprod.psml&max=true&aiz=true (1.11.2022).

MSB NRW [Ministerium für Schule und Bildung des Landes Nordrhein-Westfalen] (2022): *Verordnung über die Ausbildung und die Abschlussprüfungen in der Sekundarstufe I vom 2. November 2012 zuletzt geändert durch Verordnung vom 23. März 2022.* Verfügbar unter: https://bass.schul-welt.de/12691.htm (1.11.2022).

Möller, Stefan (2009): Lernaufgaben stellen. In: *Englisch 5–10,* 3 (8), 42–43.

Morton, Janne (2009): Genre and disciplinary competence: a case study of contextualization in an academic speech genre. In: *English for Specific Purposes,* 28 (4), 217–229.

Müller-Hartmann, Andreas & Schocker-von Ditfurth, Marita (2011): Mit Lernaufgaben Kompetenzen entwickeln. In: *Der Fremdsprachliche Unterricht Englisch,* 45 (109), 2–9.

Niedersächsisches Kulturministerium (2014): *Sprechprüfung.* Verfügbar unter: https://www.nibis.de/uploads/1gohrgs/files/Sprechprufung_Fremdsprachen-SII_final.pdf (1.11.2022).

Paltridge, Brian (2006): *Discourse Analysis: An Introduction.* New York, NY: Continuum.

Porsch, Raphaela (2010): Schreibkompetenzvermittlung im Englischunterricht – Eine bundesweite Umfrage unter Lehrkräften und Schülern der Sekundarstufe I. *Zeitschrift für Fremdsprachenforschung,* 21 (1), 53–77.

Piepho, Hans-Eberhard (1974): *Kommunikative Kompetenz als übergeordnetes Lernziel im Englischunterricht.* Dornburg-Frickhofen: Frankonius.

Rogge, Michael (2012): Sagen können, was man zu sagen hat. Mündliche Kompetenz mit Sprechaufgaben fördern. In: *Der Fremdsprachliche Unterricht Englisch,* 46 (116), 2–6.

Rogge, Michael (2018): Bewertungskriterien im Unterricht erarbeiten. In: *Der Fremdsprachliche Unterricht Englisch,* 52 (153), 8–9.

Rogge, Michael (2021): Methode im Fokus: Digitale Lesekompetenzen fördern. In: *Der Fremdsprachliche Unterricht Englisch,* 55 (174), 8–11.

Schnitter, Tobias (2010): Mündliche Prüfungen gestalten, Sprechkompetenzen bewerten. In: *Der Fremdsprachliche Unterricht Englisch,* 44 (108), 2–9.

Siebold, Jörg (2004): *Let's talk: Lehrtechniken. Vom Gebundenen zum freien Sprechen.* Düsseldorf: Cornelsen.

Stalder, Felix (2016): *Digitalität.* Frankfurt am Main: Surkamp.

Tesch, Bernd & Nold, Günther (2017): Sprechen. In: Tesch, Bernd, von Hammerstein, Xenia, Stanat, Petra & Rossa, Henning (Hrsg.): *Bildungsstandards aktuell: Englisch/Französisch in der Sekundarstufe II.* Braunschweig: Bildungshaus Schulbuchverlage, 159–178.

Vandergrift, Larry & Goh, Christine (2012): *Teaching and Learning Second Language Listening: Metacognition in Action.* London, UK: Routledge.

Voice 21/Oracy Cambridge (2019): *The Oracy Skills Framework and Glossary*. Verfügbar unter: https://oracycambridge.org/wp-content/uploads/2020/06/The-Oracy-Skills-Framework-and-Glossary.pdf (1.11.2022).

von Blanckenburg, Max (2017): Englisch sprechen auf und abseits der Bühne. In: *Praxis Fremdsprachenunterricht,* 14 (3), 12–15.

Weinert, Franz E. (2001): Vergleichende Leistungsmessung in Schulen – eine umstrittene Selbstverständlichkeit. In: Weinert, Franz, E. (Hrsg.): *Leistungsmessungen in Schulen.* Weinheim: Beltz, 17–32.

Wilkinson, Andrew (1965): The concept of oracy. *Educational Review,* 17 (4), 11–15, https://doi.org/10.1080/0013191770170401a.

Williams, Marion & Burden, Robert L. (1997): *Psychology for language teachers. A social constructivist approach*. Cambridge, UK: Cambridge University Press.